KÖNIGS ERLÄUTERUNGEN

Band 384

Textanalyse und Interpretation zu

Stefan Zweig

SCHACHNOVELLE

Walburga Freund-Spork

Alle erforderlichen Infos für Abitur, Matura, Klausur und Referat plus Musteraufgaben mit Lösungsansätzen

Bange Verlag

Zitierte Ausgabe:
Zweig, Stefan: *Schachnovelle*. Frankfurt am Main: Fischer Taschenbuch Verlag, 62. Auflage 2010.

Über die Autorin dieser Erläuterung:
Walburga Freund-Spork, Studium der Germanistik und Geschichte an der Universität Münster. Realschullehrerin, Fachleiterin für das Fach Deutsch Sekundarstufe I, Mitautorin des Lehrplans Deutsch für die Sekundarstufe I (NRW), Referentin für Fort- und Weiterbildung bei der Bezirksregierung Detmold, stellv. Seminarleiterin am Studienseminar Sek. I in Paderborn.

In den Zeitschriften *Diskussion Deutsch, Praxis Deutsch, Blätter für den Deutschlehrer* und *Literatur für Leser* hat sie literaturdidaktische Beiträge vorgelegt. Literaturwissenschaftliche Untersuchungen zu Heinrich Heine, zu Novellen und Romanen der Gegenwart sowie zur modernen Essayistik sind von ihr in den Universitäts-Taschenbüchern und in den Grabbe-Jahrbüchern erschienen. Frau Freund-Spork ist Autorin von Interpretationen und Lernhilfen namhafter Verlage.

2. Auflage 2013
ISBN 978-3-8044-1986-5
PDF: 978-3-8044-5986-1, EPUB: 978-3-6986-0

Druck und Weiterverarbeitung: Tiskárna Akcent, Vimperk

1. DAS WICHTIGSTE AUF EINEN BLICK – SCHNELLÜBERSICHT

Damit sich jeder Leser in dem vorliegenden Band rasch zurechtfindet und das für ihn Wichtigste gleich entdeckt, findet sich im Folgenden eine Übersicht.

Im 2. Kapitel wird **Stefan Zweigs Leben** beschrieben und der **zeitgeschichtliche Hintergrund** dargestellt.

⇨ S. 10 ff.

- → Stefan Zweig lebte von **1881 bis 1942**. Geboren wurde er in der Kultur- und Kaiserstadt Wien; er starb in Petrópolis (Brasilien).
- → Er wuchs in einer sehr wohlhabenden, dem jüdischen Großbürgertum zugehörigen Familie auf. Nach Abitur und Studium der Literaturwissenschaft und Philosophie war es ihm vergönnt, sich einzig der Kunst und Schöngeisterei zu widmen. Einem Brotberuf musste er nicht nachgehen.

⇨ S. 23 f.

- → Doch große politische und soziale Umwälzungen führten zu einschneidenden Veränderungen in seinem Leben. Stefan Zweig erlebte den Ausbruch des Ersten Weltkriegs auf einer Vortragsreise in Belgien und kehrte spontan nach Österreich zurück. In einem offenen Brief „an seine Freunde in Fremdland" geißelte er den völkerrechtswidrigen Überfall Deutschlands auf Belgien, in dem er zum ersten Mal den nationalen dem europäischen Gedanken voranstellte.

⇨ S. 25 f.

- → Das Erscheinen Hitlers auf der politischen Bühne veränderte noch einmal die Welt, auch für Stefan Zweig. Antisemitismus schürte den Judenhass. Es kam zu barbarischen, geistlosen Aktionen wie zur öffentlichen Bücherverbrennung am 10. Mai 1933, der auch die Bücher Stefan Zweigs zum Opfer fielen. In Österreich schaltete die autoritäre Regierung des Kanzlers

Dollfuß im Kampf gegen faschistische Tendenzen das Parlament aus, ihm folgte nach seiner Ermordung 1934 Schuschnigg als Kanzler, der wegen Forderungen Hitlers an Österreich zurücktrat. Unter seinem Nachfolger Seiß-Inquart wurde dann der Weg frei für die Annexion Österreichs durch Hitler.

→ 1936 hatte Zweig sich nach London ins Exil begeben und die englische Staatsbürgerschaft beim Einmarsch Hitlers in Österreich beantragt, die ihm 1940 zugestanden wurde. Vortragsreisen führten ihn nach New Haven (USA) und Petrópolis (Brasilien), wo er sich 1941 festzusetzen gedachte. Doch der auch in Brasilien wachsende Antisemitismus, das Verbot der deutschen Sprache und das Abschneiden von der deutschsprachigen Kultur führten ihn in schwere Depressionen, sodass er mit seiner zweiten Frau Lotte Altmann freiwillig aus dem Leben schied. ⇨ S. 26 f.

Im 3. Kapitel wird eine Textanalyse und -interpretation angeboten.

Schachnovelle – Entstehung und Quellen:

Die *Schachnovelle* entstand als einziges Werk Zweigs vollständig im Exil. Er begann mit der Niederschrift 1941. Bevor Zweig im Februar 1942 aus dem Leben schied, hatte er das Manuskript auf den Weg an drei mögliche Verleger (in New York, Stockholm und Buenos Aires) gebracht. Die *Schachnovelle* erschien auf Deutsch postum im Dezember 1942 als „Liebhaberdruck" in limitierter Auflage in Buenos Aires, im Frühjahr 1943 als allgemein zugängliche Ausgabe im Bermann-Fischer Verlag Stockholm. ⇨ S. 33 ff.

Inhalt:

Auf einem Passagierdampfer auf dem Weg von New York nach Buenos Aires fordert ein Millionär gegen Honorar den eingebildeten, ⇨ S. 39 ff.

mitreisenden Schachweltmeister Czentovicz zu einer Schachpartie heraus. Der mitreisende Dr. B., ein von der Gestapo durch Haft und Isolation misshandelter Exilant aus Österreich, greift beratend in die Partie ein, und ihm gelingt, dass der Herausforderer gegen den Weltmeister ein Remis erreicht. Das Schachspiel hatte Dr. B. im blinden Spiel mit sich selbst und im Nachspielen von 150 dargestellten Partien aus einem gestohlenen Buch mit Spielanleitungen erlernt, um sich auf diese Weise während der Einzelhaft seine intellektuelle Widerstandskraft zu erhalten. Durch die einseitige Anstrengung hatte er sich ein Nervenfieber zugezogen, in dessen Gefolge er aus der Haft entlassen worden war. Dr. B. will anhand des Spiels gegen den Weltmeister darüber Aufschluss erhalten, ob sein Tun in der Haft noch Spiel oder bereits Wahnsinn gewesen war. In der ersten Partie schlägt er den Weltmeister souverän, doch bei der Revanche, auf die er sich gegen seinen Willen einlässt, bricht das Nervenfieber erneut aus. Nur durch den Abbruch der Partie, für den der Weltmeister keinerlei Verständnis zeigt, kann er den vollständigen Zusammenbruch vermeiden.

Personen:

⇨ S. 55 ff.

Die Hauptpersonen sind Dr. B. und der amtierende Schachweltmeister Czentovic. Für die Lebensgeschichte Czentovics wird ein Erzähler eingeführt, während Dr. B. seine Lebensgeschichte selbst erzählt.

Der Stil und die Sprache Zweigs:

⇨ S. 67 ff.

Zweig zeigt in der Novelle deutlich seine Vorliebe für Ich-Erzählsituationen.

→ Die Syntax besticht durch Ausgewogenheit bei übersichtlicher Gliederung und wohl kalkulierten Über- und Unterordnungen.

- Der Stil ist sichtbarer Ausdruck einer großbürgerlichen Herkunft und einer ästhetischen Lebensauffassung. Ausgefallene Fremdwörter, Vorlieben für französische Konversation und die Gestaltung des räumlichen Ambientes gehören ebenso dazu wie der Umgang mit Bibelzitaten oder die Darstellung komplizierter Seelenvorgänge.

Fünf Interpretationsansätze bieten sich an:

- Die *Schachnovelle* kann als psychologische Novelle nach Johannes Klein (1954) interpretiert werden. ⇨ S. 77 ff.
- Ihre Funktion als Denkmal eines an politischer Verfolgung gebrochenen Menschen (Hellmuth Himmel, 1963) kann in den Vordergrund gestellt werden.
- Sie kann als Aufeinanderprall zweier monomanischer Menschen (Donald G. Daviau/Harvey J. Dunkle, 1973) gedeutet werden.
- Eine Deutung als stellvertretende Darstellung aller unter dem Nazi-Terror Leidenden (Siegfried Unseld, 1993) bietet sich an.
- Die Antinomie zwischen geistlosem Funktionieren und intelligenter Einfühlsamkeit (Winfried Freund, 1998) kann schwerpunktmäßig thematisiert werden.

Stefan Zweig
1881–1942

2. STEFAN ZWEIG: LEBEN UND WERK

2.1 Biografie

JAHR	ORT	EREIGNIS	ALTER
28.11. 1881	Wien	Stefan Zweig wird als zweiter Sohn des Ehepaars Zweig in Wien geboren. Seine Eltern gehören dem liberalen jüdischen Großbürgertum an.	
1887–1892	Wien	Er besucht die Volksschule in der Werdertorgasse.	6–11
1892–1900	Wien	Besuch des Maximiliangymnasiums im 9. Bezirk. Er lernt dort vor allem alte Sprachen, Geometrie und Physik, während ihm das, was ihm wissenswert erscheint, Französisch, Englisch, Italienisch, Musik, in zusätzlichen Privatstunden beigebracht wird.	11–19
Herbst 1900	Wien	Nach einer ersten Bildungsreise nach dem Abitur nach Frankreich schreibt er sich als Student für Philosophie und Literaturwissenschaft an der Universität Wien ein. Im Studium geht es ihm vor allem um die Beschäftigung mit der zeitgenössischen Literatur. Zweig bleibt zeitlebens Schöngeist und Ästhet.	19
1901	Wien	Erste Buchveröffentlichung seiner Gedichte unter dem Titel *Silberne Saiten* im Verlag Schuster & Löffler. Diese Veröffentlichung zieht weitere in bekannten Journalen nach sich.	20
1902	Wien	Beginn der Mitarbeit an der *Neuen Freien Presse.*	21

JAHR	ORT	EREIGNIS	ALTER
1902	Wien	Übertragung und Herausgabe der besten Gedichte des französischen Lyrikers Paul Verlaine, um die eigenen Ausdrucksmöglichkeiten zu schulen.	21
Sommer 1902	Brüssel u. a. Orte	Bekanntschaft mit dem belgischen Lyriker Emile Verhaeren. Zweig macht dessen Werke in Deutschland bekannt.	21
1902/ 1903	Berlin	Zweig schreibt sich für ein Semester an der Universität Berlin ein. Begegnung mit Kollegen der „neuen" Literatur im Literatenkreis „Die Kommenden", einem Sammelbecken von Künstlern und Intellektuellen.	22
1904	Wien	Studienabschluss mit einer Doktorarbeit in Philosophie.	23
1904	Paris und London	Bekanntschaft mit dem Lyriker Rainer Maria Rilke und dem Bildhauer Auguste Rodin in Paris. In London bleiben ihm Kontakte zu Künstlerkreisen versagt. Er nutzt die Zeit, um im Britischen Museum für zukünftige Arbeiten zu recherchieren.	23
1905		Monografie zu Paul Verlaine (1844–1896), dem französischen Dichter und Mitbegründer des Impressionismus.	24
1905	Spanien, Algier	Reise nach Spanien und Nordafrika.	24
1906	England	Viermonatiger Englandaufenthalt. Zweig überträgt *Die visionäre Kunstphilosophie des William Blake* in die deutsche Sprache. In Leipzig (im neu gegründeten Insel-Verlag) erscheint der Gedichtband *Die frühen Kränze*, eine Sammlung, von der Zweig sich später distanzierte.	25

JAHR	ORT	EREIGNIS	ALTER
1907	Wien	Zweig bezieht seine erste Wohnung in Wien in der Kochgasse 8. Er beginnt mit der Sammlung von Autographen, die er später zu einer einmaligen Handschriftensammlung von Arbeitstexten berühmter historischer Literaten und Musiker ausweitet. Sein Versdrama *Tersites* erscheint.	26
1908	Dresden und Kassel	Uraufführung des *Tersites*.	27
1908	Wien	*Balzac: Sein Weltbild aus den Werken*, bearbeitet und eingeleitet von Stefan Zweig, erscheint in Stuttgart.	27
1908/ 1909	Asien/Indien	Fünfmonatiger Aufenthalt in Asien. Das indische Kastenwesen erscheint Zweig als „Pest des Rassenreinheitswahns."[1]	27–28
1910	Wien	Die Monografie über Emile Verhaeren und einige Übertragungen seiner Werke erscheinen in zwei Bänden.	29
1911	Amerika, New York, Kanada, Panama, Kuba, Puerto Rico	Reise nach Amerika. Nach anfänglichem Enthusiasmus beschleicht ihn das Gefühl äußerster Einsamkeit. Um überhaupt menschliche Kontakte zu spüren, begibt er sich in die imaginäre Rolle eines Einwanderers. Er erprobt real seine Chance, Arbeit zu finden und Fuß zu fassen.[2]	30

---

1 Stefan Zweig, *Die Welt von Gestern*. (WVG) Erinnerungen eines Europäers. Ungekürzte Sonderausgabe. Fischer Verlags- und Vertriebsgesellschaft, Frankfurt/M. und Hamburg 1953. S. 172.

2 Ebd. S. 176 ff.

JAHR	ORT	EREIGNIS	ALTER
1912	Österreich	Bekanntschaft mit Friderike von Winternitz, seiner späteren Frau. Sie stammte aus jüdischer Familie, hatte zwei Töchter. Ihre Zuneigung zu Zweig findet schließlich seine Erwiderung. Zur Manifestation der deutsch-französischen Verbrüderung organisiert Stefan Zweig für Emile Verhaeren eine Vortragsreise durch Deutschland und überträgt Verhaerens *Hymnen an das Leben*.	31
1913	Breslau	Erstaufführung des Einakters *Der verwandelte Kommödiant*, eine Auftragsarbeit des Wiener Burgschauspielers und Ifflandring-Trägers Josef Kainz.	32
1913	Wien	Uraufführung des Trauerspiels *Das Haus am Meer* am Burgtheater in Wien. Übertragung von Verhaerens *Rubens*. Erscheinen der Novelle *Brennendes Geheimnis* bei Insel als Einzelausgabe. Entstehen der Freundschaft zu Romain Rolland, dem großen Pazifisten.	32
1914	Belgien	Reise zu Emile Verhaeren. Überstürzte Rückkehr nach Wien bei Ausbruch des 1. Weltkriegs. *Offener Brief an die Freunde im Fremdland*, in dem er der Zugehörigkeit zur Nation den Vorrang über die Internationalität einräumt. Am 1. Dezember Einberufung in den Bibliotheksdienst im Kriegsarchiv, in dem auch Rilke kurzfristig Dienst in Uniform tat. Aufrechterhaltung des Briefwechsels mit Romain Rolland in der Schweiz.	33

JAHR	ORT	EREIGNIS	ALTER
Juli 1915	Galizien	Dienstreise zur Beschaffung von Kriegsdokumenten. Zweig gewinnt auf dieser Reise Einblicke in das Grauen des Krieges an der Ostfront. Er ist Zeuge eines gewaltigen Sterbens.	34
1916	Kalksburg bei Rodaun	Gemeinsame Wohnung mit Friderike von Winternitz. Die Eheschließung erfolgt erst im Januar 1920. Als Katholikin war ihre Wiederverheiratung als geschiedene Frau schwierig.	35
1916/ 1917	Salzburg	Kauf des Hauses am Kapuzinerberg. Es handelte sich um ein ehemals erzherzögliches Jagdschlösschen.	35–36
1917	Wien	Zweigs Anti-Kriegsdrama *Jeremias* erscheint im Insel-Verlag. Für eine Vortragsreise durch die Schweiz und die Proben zu *Jeremias*, 1918 im Stadttheater in Zürich uraufgeführt, wird er vom Dienst im Kriegsarchiv beurlaubt. Besuch Romain Rollands und beim Roten Kreuz in Zürich.	36
1917/ 1918	Schweiz u. a. Orte	Enger Kontakt zu pazifistischen Künstlern und Intellektuellen (Frans Masereel, Baudouin, Arcos, Jouve). Zusammentreffen mit zeitgenössischen Künstlern (Hermann Hesse, Fritz von Unruh, James Joyce, Ferruccio Busoni, Annette Kolb). Übersetzung von Dramen Rollands.	37
1919	Salzburg	Rückkehr nach Österreich. Einleitung und Revision der Übersetzung von Rousseaus *Emile oder die Erziehung*.	38
1920	Salzburg	Erscheinen des 1. Teils der Essay-Reihe *Baumeister der Welt* (Balzac, Dickens, Dostojewski). Rolland-Biografie. Wiederaufnahme der Reisetätigkeit (Italien und Westerland/Sylt).	39

JAHR	ORT	EREIGNIS	ALTER
1921	Salzburg	Verfassen der Einleitung zu *Sämtliche Romane und Novellen Dostojewskis.*	40
1922	Salzburg	*Amok. Novellen einer Leidenschaft* im Insel-Verlag. *Die Augen des ewigen Bruders. Eine Legende* in der Insel-Bücherei.	41
1924	Salzburg	Herausgabe *Die gesammelten Gedichte* (Insel Verlag).	43
1925	Salzburg	Erscheinen des 2. Teils der Essay-Reihe *Baumeister der Welt.* (Hölderlin, Kleist, Nietzsche) unter dem Titel *Der Kampf mit dem Dämon.*	44
1926	Salzburg	Freie Bearbeitung der Komödie *Volpone* nach Ben Jonson, die zu einem Welterfolg wird.	45
1927		In der Insel-Bücherei erscheinen 5 Miniaturen unter dem Titel *Sternstunden der Menschheit.* Zweig begeistert als bekannter und vielgelesener Schriftsteller eine feste Lesergemeinde.	46
1928	Salzburg und Moskau	Der 3. Teil der Essay-Reihe *Baumeister der Welt* (Casanova, Stendhal, Tolstoi) kommt heraus. Im September unternimmt Zweig als Delegierter der österreichischen Schriftsteller eine zweiwöchige Reise in die Sowjetunion zur Einhundert-Jahrfeier Leo Tolstois. Begegnung mit Maxim Gorki. *Amok* und *Brief einer Unbekannten* werden verfilmt. Zweig ist auf dem Höhepunkt seiner Popularität.	47
1929	Wien	Gedenkrede für Hugo von Hofmannsthal im Wiener Burgtheater anlässlich von dessen Trauerfeier.	48

JAHR	ORT	EREIGNIS	ALTER
		Erscheinen des Buches über *Joseph Fouché. Bildnis eines politischen Menschen*, der Tragikomödie *Das Lamm der Armen* und vier Erzählungen unter dem Titel *Kleine Chronik*. In Berlin erscheint die biblische Legende *Rahel rechtet mit Gott*.	
1930	Sorrent	Reise zu Maxim Gorki, der in Sorrent Heilung von seinem Lungenleiden sucht.	49
1931	Frankreich	Veröffentlichung weiterer Essays und *Ausgewählter Gedichte* im Insel-Verlag. Der Verlag ehrt ihn zum 50. Geburtstag mit einer Bibliografie seiner Werke.	50
1932	Salzburg, Paris, Florenz, Mailand	Beginn einer fruchtbaren Zusammenarbeit mit Richard Strauß. Verfassen eines Opernlibrettos mit dem Titel *Die schweigsame Frau* (UA 1935) nach einer Vorlage von Ben Jonson. In dieser Zeit wurde sein Haus am Kapuzinerberg zum Treffpunkt europäischer Künstler aller Kunstrichtungen.[3] Verfassen der Biografie über *Marie Antoinette. Bildnis eines mittleren Charakters*.	51
1933	Deutschland, London	Öffentliche Bücherverbrennung durch nationalsozialistische Studenten. Auch Zweigs Bücher werden verbrannt. Der Verkauf der Bücher jüdischer Schriftsteller wird zum „Schutz des deutschen Volkes" verboten. Ab 20. Oktober Londonaufenthalt. Recherchen im British Museum zu einer Biografie über *Maria Stuart*.	51

3 Ebd. S. 289 ff.

JAHR	ORT	EREIGNIS	ALTER
1934	Salzburg	Nach der Durchsuchung seines Hauses nach Waffen durch die österreichische Heimwehr verlässt Zweig Salzburg endgültig, um sich in London anzusiedeln. Begleitet wird er von Lotte Altmann, seiner Sekretärin. Erscheinen seines Porträts *Triumph und Tragik des Erasmus von Rotterdam* (Exilverlag Reichner, Wien).	52
1935	London	Übersetzung eines Pirandello-Stücks Erscheinen der Biografie zu *Maria Stuart* (Reichner).	54
24.06. 1935	Dresden	Uraufführung der komischen Oper von Richard Strauß: *Die schweigsame Frau*. Textbuch von Stefan Zweig.	54
1936	London, Brasilien, Argentinien	Stefan Zweig bezieht ein Haus in London, Hallam Street 49. Veröffentlichung von *Castellio gegen Calvin oder Ein Gewissen gegen die Gewalt*. Einladung zum PEN-Kongress nach Argentinien. Ehrenvoller Empfang in Brasilien; Weiterreise zur Kongressteilnahme in Buenos Aires.	55
1937	London	Aufsätze und Erinnerungen: *Begegnungen mit Menschen, Büchern, Städten*. Legende: *Der begrabene Leuchter* (Reichner). Verkauf des Hauses in Salzburg. Trennung von Friderike.	56
1938	Portugal	Reise mit Lotte Altmann. Vorarbeiten zur Biografie über *Magellan. Ein Mann und seine Tat* (Reichner). Scheidung von Friderike. Mit dem Anschluss Österreichs an das Deutsche Reich beantragt Zweig die britische Staatsbürgerschaft.	57

JAHR	ORT	EREIGNIS	ALTER
1939		*Ungeduld des Herzens* erscheint in englischer Sprache. In deutscher Sprache wird der Roman im Bermann-Fischer Verlag in Amsterdam und Stockholm gedruckt.	58
Juli 1939	London	Übersiedlung in ein eigenes Haus in Bath. Eheschließung mit Lotte Altmann. Zum Zeitpunkt der Eheschließung war Lotte Altmann als deutsche Staatsbürgerin in England von Internierung in ein Arbeitslager bedroht. Kontaktpflege zu Sigmund Freud, der 1938 schwer krank nach London emigriert war. Zweig hielt ihm in London die Grabrede.	58
1940	London, Paris, New York, Brasilien, Argentinien, Uruguay	Erlangen der englischen Staatsbürgerschaft. Vortragsreisen nach Paris, New York, Brasilien, Argentinien und Uruguay.	59
1941	New Haven (USA), Petrópolis, Brasilien	Arbeit an *Amerigo – Geschichte eines historischen Irrtums. Brasilien. Ein Land der Zukunft.* Übersiedlung in ein Haus in Petrópolis bei Rio de Janeiro. Hier beginnt er seine Studien zu *Montaigne,* beendet seine Autobiografie *Die Welt von Gestern. Erinnerungen eines Europäers* und verfasst sein letztes Werk *Schachnovelle.*	60
22.02. 1942	Petrópolis	Freitod mit seiner Frau Lotte anlässlich des Falls von Singapur, einer Niederlage des Britischen Empire. Parallel meldet die Zeitung die erfolgreiche deutsche Offensive in Libyen mit dem Ziel Suez-Kanal.	61

JAHR	ORT	EREIGNIS	ALTER
		Zweig litt an immer wiederkehrenden Depressionen, aus denen früher das Versenken in Arbeit herausgeführt hatte. In Petrópolis empfand Zweig den Mangel an Möglichkeiten, die notwendigen Recherchen für seine neuen Arbeiten zu machen und gleichfalls den Mangel an stofflichen Anregungen, der mit dem Zugang zu den muttersprachlichen Quellen versiegt war. Staatsbegräbnis auf dem Friedhof in Petrópolis.	

2.2 Zeitgeschichtlicher Hintergrund

ZUSAMMEN-FASSUNG

Fünf wesentliche Phasen innerhalb der Lebenszeit Stefan Zweigs werden hervorgehoben:

→ Die Kulturstadt Wien am Ende des 19. Jahrhunderts
→ Die sozialen Veränderungen durch die Industrialisierung und ihre Folgen für Staat und Politik (ab 1848)
→ Der 1. Weltkrieg (1914–1918) und die Folgen für Österreich im Frieden von Versailles
→ Zwischen den Weltkriegen bis zur Hitler-Diktatur (1919–1933)
→ Der Anschluss Österreichs an die Hitlerdiktatur (1938) und der 2. Weltkrieg (1939–1945)

Wien als europäische Kulturstadt

1848–1916: Kaiser Franz Joseph I. regiert Habsburger Monarchie

Stefan Zweig wurde 1881 in die Gesellschaftsform der Habsburger Monarchie hineingeboren. Sie wurde von 1848 bis 1916 von Kaiser Franz Joseph I. regiert. Er verstand es, den Vielvölkerstaat noch zusammenzuhalten, konnte das Reich letztlich jedoch nicht vor dem Auseinanderfall bewahren.

Weltoffenes Wien

Stefan Zweig überschreibt das erste Kapitel seiner Autobiografie *Die Welt von Gestern* „Die Welt der Sicherheit“[4] und bringt damit zum Ausdruck, dass die Mehrzahl der Bewohner des Vielvölkerstaates sich kaum eine andere als die bestehende Gesellschaftsordnung vorstellen konnte. Die Kaiserstadt Wien, in der viele Menschen die geistige Unabhängigkeit einem nationalen Denken vorzogen, war weltoffen. Stadt wie Staat waren tolerant und nahmen die verschie-

---

4 *WVG*, S. 13 ff.

denen Nationalitäten, Religionszugehörigkeiten und Sprachen als selbstverständlich hin. Zweig spricht in diesem Zusammenhang von der allgemeinen Überzeugung, dass sich das 19. Jahrhundert in seinem liberalistischen Idealismus auf dem Weg zur besten aller Welten befand.[5] Aus dem Blickwinkel des Sohns aus der bürgerlichen Oberschicht stellen sich Zweigs erste 25 Lebensjahre als ein reines Eldorado dar: Er lebte in einer europäischen Kulturstadt, der Frieden schien gesichert, der Bruderkrieg gegen Preußen lag mehr als ein halbes Jahrhundert zurück. Der Wiener Hof erschien als Hort und Wahrer einer tausendjährigen Tradition, was allein schon zum Weltbürgertum schlechthin erzog. Auch an der gesellschaftlichen Ordnung rüttelte zunächst niemand. An der Spitze stand das Kaiserhaus, es folgten die „gute Gesellschaft des internationalen Hochadels", der niedrige Adel und die hochrangigen kaiserlichen Verwaltungsbeamten. Die Industriellen, oft alteingesessene Familien, bildeten das liberale Großbürgertum, ihm folgten Kleinbürgertum (Handwerker) und das Proletariat. Diese Ordnung spiegelte sich in der Stadt Wien in der Zugehörigkeit zu bestimmten Stadtteilen, die sich in konzentrischen Kreisen um die Hofburg legten. Als großbürgerliche Industrielle besaßen die Zweigs ein Patrizierhaus am Ring, der Prachtstraße Wiens. Karl Marx hatte sein *Kommunistisches Manifest* bereits 1848 veröffentlicht, die erwähnte Sicherheit war durch vorgestellte soziale Veränderungen gefährdet.

Wie die Eltern Zweigs zeichnete sich die Wiener Judenschaft im Allgemeinen durch Anpassung aus. Diese war inneres Bedürfnis und bot äußerlich der Minderheit Schutz. Die Juden lebten seit 200 Jahren in Wien und betätigten sich, sofern sie zu Wohlstand und Reichtum gekommen waren, als Mäzene und Kunstförderer durch

---

5 Ebd. S. 14.

Kunstsammlungen und Zuwendungen an Künstler und Kunst aller Sparten.

Ideal: Aufstieg ins Geistige

Die nachgeborenen Söhne aus Industriellenkreisen widmeten ihr Leben oft geistiger und künstlerischer Arbeit. Zweigs Lebensweg kann als exemplarisch gelten. Er selbst bezeichnet den Aufstieg ins Geistige als Ideal und den eigentlichen Willen der Juden. Der Drang nach Reichtum erschöpfte sich innerhalb einer Familie in drei Generationen, danach erstrebte man den Aufstieg in eine höhere kulturelle Schicht. Schon immer hatte im Judentum der Gelehrte (Bibelgelehrte) mehr gegolten als der Reiche. Die Flucht ins Geistige stellte sich laut Zweig häufig dar in einer „unproportionierten Übererfüllung" der intellektuellen Berufe mit dem Ziel, sich aus dem bloß Jüdischen ins allgemein Menschliche aufzulösen.[6]

Neue Ordnung in einer neuen Zeit

Abkehr vom Liberalismus und antikapitalistische Haltung der Industriearbeiter

Mit dem neuen Jahrhundert zeichnete sich jedoch eine neue Ordnung in einer neuen Zeit ab. Die vom wirtschaftlichen Aufschwung ausgeschlossenen Industriearbeiter kehrten sich vom Liberalismus ab und entwickelten eine antikapitalistische Haltung. Die Umwandlung zum Parteienstaat begann.

1888/1889: Neubegründung der Arbeiterbewegung

1888/1889 kam es zur Neubegründung der österreichischen Arbeiterbewegung unter Dr. Alfred Adler. Ihm gebührt das Verdienst, die österreichische Sozialdemokratie zu einer geschlossenen Organisation mit politisch geschulten Arbeitern gemacht zu haben.

Darüber hinaus verstärkten sich am Ende des Jahrhunderts nationale Ideen in den nicht deutschstämmigen Teilen der Monarchie. In Ungarn bildeten sich eine National- und eine Unabhängigkeitspartei, die beide durch die Unterdrückung der nicht magyarischen Bevölkerung dem Ansehen der Monarchie sehr schadete, weil sie

---

6 Ebd. S. 22–23.

in den Ruf geriet, ihre Nationalitäten unter Zwangsherrschaft zu halten. Es kam zu Protesten und Massendemonstrationen auf der Straße und zu Tumulten im Parlament. Die Hetze gegen die Slawen wurde überdeutlich. Mit der deutschnationalen Partei des Georg Schönerer zogen Brutalität und Prügelterror in die Politik ein. Sie vertrat die Idee eines Großdeutschlands unter preußischer und protestantischer Führung. In der Folgezeit wuchsen antidemokratische und antiparlamentarische Tendenzen, während die Nationalitätenprobleme ungelöst blieben.

Der Erste Weltkrieg

28.6.1914: Ermordung von Franz Ferdinand und seiner Gemahlin Sophie

Bei einem Besuch am 28. Juni 1914 wurden der österreichische Thronfolger Franz Ferdinand und seine Gemahlin Sophie in Sarajewo ermordet. Die daraufhin ausgesprochene Kriegserklärung vom 28. Juli führte in den Ersten Weltkrieg.[7]

Ausweitung zum europäischen und zum Weltkrieg

Der als lokale Auseinandersetzung Österreich-Ungarns mit Serbien am 28.7.1914 begonnene Krieg weitete sich zu einem europäischen Krieg aus: durch die deutschen Kriegserklärungen an Russland (am 1.8.1914), das auf dem Balkan gegen die Krone gerichtete Strömungen (Panslawismus) unterstützte, und an Frankreich (am 3.8.1914), zu dem seit der Jahrhundertwende ein Gegensatz wegen Elsass-Lothringen bestand. Durch das Eintreten Englands mit seinen überseeischen Besitzungen, das sich durch die Flottenaufrüstung Deutschlands bedroht sah, kam es schließlich zu einem Weltkrieg. Am 5.9.1914 schloss sich Italien den Alliierten gegen Versprechungen auf Territorialgewinn (Südtirol, Istrien) im Falle eines Sieges an.

---

7 *Lexikon der Geschichte. Personen, Ereignisse, Institutionen.* Hrsg. von Gerhard Taddey. Stuttgart, Kröner: 1983. S. 1095. Stichwort *Sarajewo.*

Offener Brief an die Freunde in Fremdland

Stefan Zweig, der sich bei Kriegsbeginn in Belgien bei Verhaeren aufhielt, reiste beim völkerrechtswidrigen Überfall Deutschlands auf Belgien überstürzt nach Wien zurück. Von dort verfasste er einen *Offenen Brief an die Freunde in Fremdland*, in dem er zum ersten Mal den nationalen dem europäischen Gedanken voranstellte.

Angesichts von bereits einer Million Kriegstoten im Jahre 1917 hatte Österreich mit dem Gedanken gespielt, einen Sonderfrieden mit den Alliierten zu schließen. Die Bemühungen um einen Verständigungsfrieden scheiterten. Im Gegenteil: Durch Verschärfung des Krieges (U-Boot-Krieg) gegen England wurde am 6.7.1917 der Eintritt der Vereinigten Staaten in den Krieg provoziert. Nach und nach brachen die Fronten im Westen und Osten zusammen. Im September wurden Waffenstillstandsverhandlungen eingeleitet. Der amerikanische Präsident Wilson forderte das Selbstbestimmungsrecht der Völker und die Einführung von Demokratien. Karl, der Enkel des 1916 verstorbenen Kaisers, ging ins Exil. Die alte Welt war unwiederbringlich dahin. Zweig formulierte: „Je europäischer ein Mensch in Europa gelebt, um so härter wurde er von der Faust gezüchtigt, die Europa zerschlug.“[8]

Republik Deutsch-Österreich

Der Versailler Frieden zerschlug den Vielvölkerstaat. Übrig blieb die Republik Deutsch-Österreich, ein Staatsgebiet mit sieben Millionen Einwohnern. Man zwang Österreich zur Selbstständigkeit, obwohl es sich lieber entweder wieder mit den alten Nachbarstaaten oder mit dem alten Stammesland Deutschland vereinigt hätte. Eine gemeinsame Regierung von Christdemokraten und Sozialdemokraten sicherte aber wider Erwarten nach dreijährigem Chaos den Fortbestand des Staates, seine Selbstständigkeit und Konsolidierung.

---

8 *WVG*. S. 255.

1919: Zweig kehrt zurück nach Salzburg

Stefan Zweig kehrte im März 1919 aus der Schweiz in das Haus in Salzburg zurück. Er durchlebte das Chaos des Geldverfalls, den Schwarzhandel und den wirtschaftlichen Ruin. „Ich wäre in Verlegenheit, irgend jemand zu erklären, wie das arme, unselige Österreich damals erhalten geblieben ist. [...] Nie habe ich bei einem Volke und in mir selbst den Willen zum Leben so stark empfunden wie damals, als es um das Letzte ging: um die Existenz, um das Überdauern“[9], schreibt er.

Bis 1933 waren für Stefan Zweig nochmals gute Jahre. Er nahm seine Reisetätigkeit wieder auf, setzte sich in seinen Vortragsreisen für die geistige Einigung Europas ein und lebte im „guten Bewusstsein, ein Jahrzehnt nach eigenem Willen und in innerster Freiheit europäisch gelebt zu haben.“ Es waren Jahre ungeheurer Produktivität, Flucht in die Arbeit als Ablenkung von den Erfahrungen der Vergangenheit und der Unsicherheit der Zukunft. An seinem 50. Geburtstag im November 1931 formulierte er aus einer ihm selbst unwirklich erscheinenden Zufriedenheit heraus: „So hatte ich an diesem 50. Geburtstag im tiefsten nur den einen frevlerischen Wunsch: etwas möchte geschehen, das mich noch einmal wegrisse von diesen Sicherheiten und Bequemlichkeiten, das mich nötigte, nicht bloß fortzusetzen, sondern wieder anzufangen. [...] Oder war es geheimnisvolle Ahnung, die mich damals ein anderes, ein härteres Leben um der inneren Entfaltung willen begehren ließ?“[10]

Einschneidende Veränderungen durch die Machtergreifung Hitlers ab 1933

Aber schon verfinsterte sich der Himmel über der Welt: Adolf Hitler, als österreichischer Staatsbürger 1889 in Braunau am Inn geboren,

---

9 Ebd. S. 272.
10 Ebd. S. 325.

1933: Machtergreifung Hitlers

war am 15. Januar 1933 an die Spitze eines „nationalen Zusammenschlusses“ in der Weimarer Republik in Deutschland berufen. Ab dem 24. März 1933 regierte Hitler nach weiteren Wahlerfolgen mit dem „Ermächtigungsgesetz“, durch das ihm die gesamte Staatsgewalt übertragen wurde. Er begann, Deutschland zu einem totalitären Staat umzubauen und fing mit dem Beseitigen seiner Gegner an, zunächst durch Parteiverbote der Sozialdemokratischen Partei (SPD) und der Kommunistischen Partei (KPD).

Judenhass und Antisemitismus im Nationalsozialismus

Der Nationalsozialismus in Deutschland – verbunden mit dem Schüren von Judenhass und Antisemitismus, dem bei der geistlosen, barbarischen Aktion der öffentlichen Bücherverbrennung am 10. Mai 1933 auch die Bücher Stefan Zweigs zum Opfer fielen – warf lange Schatten. In Österreich schaltete die autoritäre Regierung des Kanzlers Dollfuß im Kampf gegen faschistische Tendenzen das Parlament aus. Gegen diesen Machtmissbrauch lehnte sich der sozialistische republikanische Schutzbund auf. Der Aufstand wurde mit Hilfe von Polizei und Truppen des Bundesheeres blutig niedergeschlagen. Auf der Suche nach Waffenlagern durchstöberte die Polizei auch die Villa des Pazifisten Zweig, der über die Missachtung der Privatsphäre und die Willkür der Behörden außer sich geriet und spontan beschloss, das Land für immer zu verlassen.

Zweig geht ins Exil

Stefan Zweig im Londoner und brasilianischen Exil (Petrópolis)

1938: Einmarsch deutscher Truppen in Österreich

Dollfuß (D. wurde bei einem nationalsozialistischen Putschversuch ermordet) folgte 1934 Kurt von Schuschnigg als Kanzler. Er wurde 1938 von Hitler zu Zugeständnissen gezwungen, die er durch Volksentscheid, der vereitelt wurde, abzuwehren suchte, was ihn zum Rücktritt von seinem Amt bewog. Damit war der Weg frei für die Regierung durch Seiß-Inquart, der dem Einmarsch der deutschen Truppen nach Österreich keinen Widerstand entgegensetzte.

Zweig als Flüchtling in England

Mit der Annexion Österreichs durch Hitler am 13. März 1938 wurde Zweig im englischen Exil ein Flüchtling. Seine exzellente wirtschaftliche Lage täuschte ihn nicht darüber hinweg. Ein englisches Ersatzpapier anstelle eines Passes wies ihn als „staatenlos" aus. Unmittelbar nach dem Eintritt Englands in den Krieg gegen Hitler-Deutschland schloss er am 6. September 1939 die Ehe mit Lotte Altmann, da ihr als ehemals deutsche Staatsangehörige eine Zwangsinternierung in ein Arbeitslager drohte. Eine Einladung zu einer Vortragsreise nach Südamerika nahmen sie gern an, ihr endgültiger Abschied von Europa.

Zweig im Exil in Brasilien

Stefan Zweig, Lotte Altmann und Friderike Zweig, die ihm 1940 mit ihren Töchtern nach New York folgte, waren dem Nazi-Terror und den Judenpogromen in Deutschland und in den besetzten Gebieten entkommen. Der Abschied von Europa aber, das Abschneiden der Fäden zur europäischen Kultur, bedeutete einen entscheidenden Einschnitt in Zweigs Leben. Noch einmal hatte er sich in Petrópolis, nahe Rio de Janeiro, niedergelassen. Seinen neuen Wohnort rühmte er aufgrund seiner landschaftlichen Schönheit. Aber schon eine Zeitungsnotiz, gelesen in Erwartung des Karnevals in Rio im Februar 1942 über den Fall von Singapur und den Marsch deutscher Truppen auf Suez, ließ ihn hastig nach Petrópolis zurückkehren. In der Nacht vom 22. zum 23. Februar 1942 schied er zusammen mit seiner Frau Lotte freiwillig aus dem Leben. Der letzte Satz eines seiner Abschiedsbriefe lautet: „Ich grüße alle meine Freunde! Mögen sie die Morgenröte noch sehen nach langer Nacht! Ich, allzu Ungeduldiger, gehe ihnen voraus."[11]

22./23.2.1942: Freitod Zweigs mit seiner Frau Lotte

---

11 Prater, Donald A., *Das Leben eines Ungeduldigen*. München und Wien 1981. S. 256 f. Zitiert nach Hartmut Müller, Stefan Zweig. rowohlts monographien, Reinbek 2000, S. 129.

2.3 Angaben und Erläuterungen zu wesentlichen Werken

ZUSAMMENFASSUNG

Das Werk Stefan Zweigs ist zahlen- und gattungsmäßig außerordentlich umfangreich. Es würde den Rahmen dieser Erläuterung sprengen, wollte man jede Veröffentlichung mit erklärenden und deutenden Worten versehen. Es wird daher auf Einzelwerke zurückgegriffen, die exemplarisch für eine Gattung stehen. Da Stefan Zweig nach eigener Auffassung sein Talent als Lyriker nicht hoch einschätzte, wird die Lyrik ausgespart. Hervorgetreten ist Stefan Zweig durch Novellen, Legenden, Dramen (auch Einakter), Trauerspiele und Komödien, Essays, Biografien, Porträts, historische Miniaturen, ein Libretto für den Komponisten Richard Strauß, durch Übersetzungen, Vorträge, Feuilletonbeiträge und Briefe. Er ist ein erzählerisches Talent.

1911–1927 erschien im Insel-Verlag eine **dreibändige Novellensammlung** mit dem Titel ***Die Kette. Ein Novellenkreis.*** Bd. 1, *Der erste Ring: Erstes Erlebnis. Vier Geschichten aus Kinderland*, 1911 enthielt u. a. die Novelle *Brennendes Geheimnis;* Bd. 2, *Der zweite Ring: Amok. Novellen einer Leidenschaft*, 1922 u. a. die Novelle *Der Amokläufer;* Bd. 3, *Der dritte Ring: Verwirrung der Gefühle. Drei Novellen*, 1927 u. a. *Vierundzwanzig Stunden aus dem Leben einer Frau.*

Brennendes Geheimnis (1911/13)

Brennendes Geheimnis (Einzelausgabe 1913): Die Popularität der Novelle ist auf das erotische Thema zurückzuführen, in der seriösen Literatur um die Jahrhundertwende noch unüblich. Der Autor nimmt sich der problematischen Entwicklung der jugendlichen Psyche an.

Novellen	Drama	Historische Miniaturen	Opernlibretto	Romane	Epochenbild
1911/1913 *Brennendes Geheimnis*	1917 *Jeremias*	1927 *Sternstunden der Menschheit*	1935 *Die schweigsame Frau*	1939 *Ungeduld des Herzens*	postum *Die Welt von Gestern*
1911–1927 *Die Kette*				postum *Rausch der Verwandlung*	
postum ***Schachnovelle***					

An die Schwelle der Pubertät gelangt, begleitet der zwölfjährige Edgar seine Mutter bei ihrem Kuraufenthalt. Ein junger Baron wählt sich die hübsche Mutter für einen erotischen Urlaubsflirt aus. Edgar spürt die erotischen Spannungen zwischen den beiden Erwachsenen und sucht den offenen Konflikt mit dem Baron. Zum Entsetzen der Mutter reist dieser ab. Es kommt zu einem heftigen Streit und zum Vertrauensbruch zwischen Mutter und Sohn, weil diese ihre Zuneigung zu dem jungen Mann ableugnet. Edgar reist allein nach Wien zurück. Er löst damit zwar eine heftige Verwirrung aus, ist aber aufgrund der erfolgreichen psychischen Verarbeitung seiner Erfahrungen innerlich so gereift, dass er das *brennende Geheimnis* der Mutter vor dem Vater bewahren kann.

Ungeduld des Herzens (1939)

Der Roman ***Ungeduld des Herzens*** erschien 1939. Er wurde mehrfach verfilmt. Der junge Leutnant Hofmiller trifft bei einer Abendgesellschaft auf die schöne, aber gelähmte Tochter des reichen jüdischen Schlossherrn Kekesfalva. Ohne um ihre Krankheit zu wissen, fordert er sie zum Tanz auf. Seinen Fauxpas erkennend, verlässt er überstürzt das Fest, schickt aber am nächsten Tag zu seiner Entschuldigung der jungen Frau rote Rosen. Sie missdeutet diese Geste als Liebe. Aus Mitleid mit der sensiblen Edith führt er fortan ein Doppelleben zwischen Militär und Teegesellschaften.

Aus Schwäche verlobt er sich mit dem leidenschaftlich verliebten Mädchen. Als sie jedoch erfährt, dass Hofmiller das Verlöbnis nach außen feige leugnet, nimmt sie sich das Leben.

Fragment *Rausch der Verwandlung* (postum)

Das Romanfragment ***Rausch der Verwandlung*** erschien postum. Ab 1931 arbeitete Zweig an dem Manuskript, 1940 hatte Zweig zusammen mit Berthold Viertel den Text zu einem Filmentwurf umgearbeitet, der 1950 unter dem Titel *Das gestohlene Jahr* realisiert wurde. 1982 gab Knut Beck das Fragment heraus. Die arme Postassistentin Christine Hoflehner erreicht die Einladung sehr reicher Verwandter in ein Engadiner Luxushotel. Der Aufenthalt verwandelt das Postfräulein in eine mondäne, umschwärmte Frau, die jedoch durch Intrigen in ihre alte Welt zurückgezwungen wird, in der sie auf Ferdinand trifft, der seinerseits gegen die wirtschaftliche Not ankämpft. Da beide glauben, einen Anspruch auf ein besseres Leben zu haben, entwerfen sie den Plan zu einem Postraub. Der unvollendete Roman besticht durch die Konzentration der Motive, Zeitraffung und eindringliche Symbolik.

Sternstunden der Menschheit (1927)

Die fünf historischen Miniaturen ***Sternstunden der Menschheit*** (1927) stellen die Meisterschaft Zweigs in seinem essayistischen Schaffen unter Beweis. Er wendet sich darin Menschen zu, die durch besondere Taten, allein auf sich gestellt, Weltgeschichte geschrieben haben: Napoleon und Grouchy in der *Weltminute von Waterloo* (18. Juni 1815), Johann August Suter als *Entdecker von Eldorado* (Januar 1823), Kapitän Scott im *Kampf um den Südpol* (16. Januar 1912). Andere Miniaturen gruppieren sich um den schöpferischen Augenblick: Händel komponiert den *Messias*, Goethe verarbeitet seine unglückliche Liebe in den *Marienbader Elegien*. Zweigs Miniaturen sind Momentaufnahmen, Verarbeitung weltgeschichtlicher Ereignisse aus subjektivem Blickwinkel, dramatisch aufgebaut, sprachlich geschliffen und psychologisch motiviert.

Die Welt von Gestern (postum)

Die Welt von Gestern (1944) trägt stark autobiografische Züge und liefert ein Epochenbild, das, im Exil aufgezeichnet, den Verlust der Welt, in der Zweig zu Hause war, schmerzlich nachempfinden lässt. Im Mittelpunkt steht die Welt des Geistes, geprägt von Ästhetizismus, Humanismus und Pazifismus. Das Erinnerungsbuch verdeutlicht dem Leser die Welt, in der sich Stefan Zweig heimisch fühlte.

Jeremias (1917)

Das 1917 erschienene Drama ***Jeremias*** stellt den biblischen Propheten in den Mittelpunkt. Er tritt als Warner gegen den von Zedekia geplanten Krieg gegen Nebukadnezar auf. Doch die Israeliten werfen den lästigen Mahner kurzerhand ins Gefängnis. Der Krieg aber geht verloren. In dieser verzweifelten Situation wird Jeremias zum moralischen Retter, indem er die Überlebenden des Volkes Israel tröstet, die Jerusalem verlassen und in die Fremde ziehen müssen. Das historische Jerusalem ist zwar verloren, aber das geistige zieht mit ihnen.

Das Stück ist eine Parabel, in ihm spiegeln sich die Erfahrungen des Ersten Weltkriegs.

Der begrabene Leuchter (1937)

Der begrabene Leuchter (1937) soll hier stellvertretend für eine Reihe von Legenden Zweigs angeführt werden. Die Legende spielt im 6. Jahrhundert n. Chr. Im Mittelpunkt steht der siebenarmige Leuchter Mosis, das Symbol des unsichtbaren Gottes und der jüdischen Gemeinschaft. Er wurde von Titus aus dem Tempel in Jerusalem nach Rom verschleppt. Durch Klugheit und List aber gelingt es dem Juden Benjamin, den Leuchter nach Jerusalem zurückzubringen und an einem versteckten Ort in geheiligter Erde zu vergraben. Dort sieht er der Rückkehr des auserwählten Volkes in die Heimat entgegen. Die Hoffnung auf ein Ende der Heimatlosigkeit aller Juden schwingt unüberhörbar mit.

Fouché, Marie Antoinette und *Erasmus*

Bei ***Fouché, Marie Antoinette*** und ***Erasmus*** handelt es sich um die Nachzeichnung historischer Figuren, die in der Geschichte eine beträchtliche Rolle gespielt haben. Dabei geht es Zweig nicht um die nüchterne Darstellung und exakte Wiedergabe historischer Fakten, sondern um das Einfühlen in ihre Lebenszeit. Die sensible Identifikation mit seinen Hauptfiguren während des Schreibprozesses ist eine Stärke Zweigs, die seinen Biografien einen beachtlichen Erfolg sicherte.

Eine Biografie sei beispielhaft angeführt: ***Erasmus von Rotterdam*** (1934). Mit ihm schafft Zweig das geistige Porträt eines Humanisten, der, obwohl er den Widersinn der Zeit durchschaute, nicht gegen die Weltverbesserer mit seinen Verstandesfähigkeiten antrat. Zweig gab mit dieser Charakteristik des Erasmus eine „verschleierte Selbstdarstellung".[12] Er selbst sah sich ebenfalls als unpolitischen Menschen, der seine Stimme gegen die drohenden Zeichen der Zeit nicht erhob, sondern eher entschuldigend und beschönigend für politische Geschehnisse Verständnis zeigte.[13]

Die schweigsame Frau (1935)

Die schweigsame Frau (1935): Das Libretto zu einer Oper wurde von Richard Strauß bestellt, nachdem Hugo von Hofmannsthal, mit dem er bis dahin zusammengearbeitet hatte, gestorben war. Stefan Zweig griff auf einen Text des englischen Autors Ben Jonson – „*The silent woman*" – zurück, den er neu gestaltete.

---

12 *WVG*. S. 347.

13 Klaus Mann hat sich vehement gegen Zweigs Aussage anlässlich des hohen Stimmengewinns der Nazis bei den Reichstagswahlen 1933 gerichtet. Zweig hatte den Sieg der Nazis als „vielleicht unkluge, aber im Innersten natürliche und durchaus bejahende Revolte der Jugend gegen die hohe Politik" bezeichnet. Klaus Mann kritisiert: „Ihre schöne Sympathie für das Jugendliche an sich lässt Sie, fürchte ich, übersehen, *worin diese Revolte besteht.* [...] Radikalismus allein ist noch nichts Positives, und nun gar, wenn es sich so wenig hinreißend, sondern so rowdyhaft und phantasielos manifestiert wie bei unseren Rittern vom Hakenkreuz." K. M., *Der Wendepunkt.* Ein Lebensbericht. Reinbek 1984. S. 251–252.

3. TEXTANALYSE UND -INTERPRETATION

3.1 Entstehung und Quellen

ZUSAMMEN-FASSUNG

Die *Schachnovelle* entstand als einziges Werk Zweigs vollständig im Exil. Er begann mit der Niederschrift 1941. Einen Tag bevor Zweig im Februar 1942 aus dem Leben schied, hatte er das Manuskript auf den Weg an drei mögliche Verleger (in New York, Stockholm und Buenos Aires) gebracht. Die *Schachnovelle* und *Die Welt von Gestern*, seine Erinnerungen, erschienen postum 1943 bzw. 1944 bei Bermann-Fischer.

Die Frage nach der Entstehungsgeschichte von Zweigs *Schachnovelle* wurde in den siebziger und achtziger Jahren von mehreren Autoren[14] erläutert. Bei allen Unterschieden im Einzelnen wird doch insgesamt eine Linie deutlich, die hier nachgezeichnet werden soll.

Entstehung im brasilianischen Exil

Zweigs Meisternovelle ist die einzige Dichtung, die von Anfang bis Ende im brasilianischen Exil entstanden ist. Am Tage des Einzugs in den gemieteten Bungalow an der Peripherie von Petrópolis, einer Kleinstadt in der Nähe Rio de Janeiros, seiner letzten Bleibe im Exil, am 10. September **1941**, schreibt er an seine erste Frau Friderike in New York:

> „Petrópolis ist ein kleiner Semmering, nur primitiver, so wie Anno 1900 im Salzkammergut, die Hotels und Häuser auf dieser Stufe [...]. Mit dem Bus oder der Bahn ist es eine Stunde und

14 Jeffrey B. Berlin (1982), Donald G. Daviau und Harvey J. Dunkle (1973), Ingrid Schwamborn (1984). Die von diesen Autoren verwendete Literatur ist im Literaturverzeichnis aufgeführt.

> 40 Minuten zur Stadt (Rio). So wird man den heißen Sommer überdauern und wer denkt über März und April hinaus. Ich will dort die Autobiographie („Die Welt von Gestern") durcharbeiten und vielleicht **etwas Neues beginnen.**"[15]

Schon am 29.9.1941 schreibt er: „[...] habe eine kleine Schachnovelle entworfen, angeregt davon, daß ich mir für die Abgeschiedenheit ein Schachbuch gekauft habe und täglich die Partien großer Meister nachspiele."[16] Zweig gesteht Ernst Feder, dem nach USA ausgewanderten Dichter, Theaterdirektor und Mitarbeiter von Bertolt Brecht am 28. 10. brieflich, er habe nicht viel gearbeitet, nur „eine kuriose Novelle, eine Schachnovelle mit einer eingebauten Philosophie des Schachs"[17] entworfen. Feder, der in Rio wohnte und Kontakt mit den Zweigs pflegte – er spielte mit Stefan Zweig gelegentlich Schach –, berichtet über die Partien mit Zweig, er habe oft Mühe gehabt, diesen gelegentlich eine Partie gewinnen zu lassen. Zweig war also eher ein schlechter Schachspieler. Um den 8. Januar 1942 herum schickte Stefan Zweig die fertige *Schachnovelle* an Feder mit einem kleinen Briefchen, in dem er ihn aufforderte, „rückhaltlos" als doppelter Fachmann in literarischen wie in Schach-Dingen, seine Einwände zu sagen.

Zweig war ein schlechter Schachspieler

An Hermann Kesten schrieb er am 15. Januar 1942, dass er eine Novelle in seinem beliebt-unglücklichen Format geschrieben habe, „zu groß für eine Zeitung und ein Magazin, zu klein für ein Buch, zu abstrakt für das große Publikum, zu abseitig in seinem Thema."[18] Dennoch lag ihm offenkundig sehr viel an diesem Text, denn er vergleicht sich mit den „Müttern", die „ihre schwächlichen, ande-

---

15 John M. Spalek u.a. (Hg.), *Deutsprachige Exilliteratur seit 1933*. Berlin/New York 2010. S. 376.

16 Ebd.

17 Zitiert nach Schwamborn (1984), S. 411.

18 Hermann Kesten (Hg.), *Deutsche Literatur im Exil:* Briefe deutscher Autoren 1933–1949. Wien 1964. Zitiert nach Schwamborn (1984), S. 411.

rerseits begabten Kinder am zärtlichsten ans Herz drücken."[19] Das geht auch aus seiner Korrespondenz mit Ben Hübsch, seinem amerikanischen Verleger hervor, dem Zweig einen ersten Entwurf zur Beurteilung geschickt hatte. Ihm gegenüber äußert er den Wunsch, die *Schachnovelle* in einer „edition de luxe", einer limitierten Luxusausgabe, gedruckt zu wissen. Der Gegenstand, das Schachspiel (chessboard), würde zum ersten Mal literarisch behandelt, es gäbe eine Reihe von Schachliebhabern und Sammlern von Büchern über Schach, deshalb habe eine limitierte Auflage gute Chancen. Die Hauptsache sei jedoch, dass er die kurze Geschichte zu einem Ende brächte, es sei ihm ein wahres Vergnügen, sich auf Neuland zu bewegen und das Schachspiel ins Dramatische zu überführen.[20]

Wunsch nach limitierter Luxusausgabe

Bevor Zweig am 22. Februar 1942 mit seiner Frau Lotte freiwillig aus dem Leben schied, hatte er tags zuvor die *Schachnovelle* in drei von Lotte Zweig getippten Typoskripten in Petrópolis auf die Post gegeben. Sie waren adressiert an seine drei Verleger: Ben Hübsch in New York, Bermann-Fischer in Stockholm und Alfredo Cahn in Buenos Aires. Im **Dezember 1942** erschien die *Schachnovelle* als „Liebhaberdruck" in einer nummerierten Auflage von 300 Exemplaren bei Kramer-Pigmalión in Buenos Aires. Bermann-Fischer brachte im **Frühjahr 1943** die erste allgemein zugängliche Ausgabe heraus, in den USA erschien sie 1944.

Abgabe der *Schachnovelle* am Tag vor seinem Tod

Was aber macht den Erfolg dieser Novelle aus? Stefan Zweig selbst hatte sie ja als „zu abstrakt für das große Publikum" beurteilt.

Ingrid Schwamborn[21] versucht den Beweis zu führen, dass Zweig in der Gestalt des Dr. B. seine eigene, persönlich so empfundene

Zweig als Dr. B.?

---

19 Ebd. S. 412.

20 Jeffrey B. Berlin, *Stefan Zweig and his American Publisher:* Notes on an Unpublished Correspondence, with reference to *Schachnovelle* and *Die Welt von Gestern*. S. 268.

21 Schwamborn (1984), S. 405 ff.

Lage eingefangen hat, in der er sich seit seiner Übersiedlung nach Petrópolis befand. In Brasilien hatte Stefan Zweig bei seinem ersten Besuch 1936, bei dem er wie ein Staatsgast empfangen worden war, das Land der großen Entwicklungsmöglichkeiten und ein irdisches Paradies gesehen. Damals hatte er in einem Regierungsauto mit Chauffeur einen Ausflug von Rio in die Berge gemacht und die kühle Gebirgsstadt Petrópolis war ihm erschienen wie ein österreichisches „Kurörtchen". Es wirkte auf ihn „anmutig provinzial, man denkt an verschollene Romane, die in deutschen Duodezherzogtümern spielen, ein Land für mich, in dem ich noch Jahre bleiben möchte."[22] So seine Beurteilung gegenüber Freunden.

Der Zweite Weltkrieg und das Exil

1942 jedoch war alles ganz anders. Er war als jüdischer Exilant gekommen, ohne Absicht und Aussicht, das Land vorläufig wieder verlassen zu können. Der Krieg weitete sich allmählich aus zu einem echten Weltkrieg. „Das Verbrechen dieses einen Menschen Hitler (hat) das Leben von Hunderttausenden und Millionen nun schon seit Jahren verstört ..." (28.12.41 an Friderike). Zwar war ihm ein Bleiberecht zugesichert, aber auch in Brasilien hatte sich inzwischen der Antisemitismus zusammen mit einem übersteigerten Nationalismus ausgebreitet. Deutsch und Italienisch durften weder gesprochen, noch durfte gedrucktes Material in diesen Sprachen mitgeführt werden. Stefan Zweig ging dazu über, selbst seine Briefe an Friderike in englischer Sprache abzufassen. Er empfand sich inzwischen in doppelter Verbannung: Ohne Chance, in die österreichische Heimat zurückzukehren, lieferte er nach eigener Einschätzung als muttersprachlich Deutscher mit seinen schriftstellerischen Arbeiten nur noch Übersetzungsvorlagen. Petrópolis war ihm zum Ort der Einsamkeit geworden. Dies vollzog sich an einem Menschen, für den Öffentlichkeit und Freundschaften lebensnot-

Verbot der deutschen Sprache

Gefühl der Abgeschiedenheit von der Außenwelt

22 Ebd., S. 410.

wendig waren, wie sein Lebensweg beweist. Nun lebte er von der Öffentlichkeit abgeschnitten. Auch angekündigte Besuche fielen oft aufgrund unvorhergesehener, äußerer Schwierigkeiten aus. Zweig wird zum Einsiedler und seine depressive Veranlagung bricht erneut aus. Am 4.2.1942 gesteht er Friderike:

Zweig als Einsiedler mit Depressionen

> „Was wir vermissen, ist die Aussprache mit Leuten von unserem Niveau. Die meisten Leute, denen wir begegnen, verstehen nicht was vorgeht und kommen wird, sie glauben, der künftige Friede werde einfach eine Fortsetzung der Friedenszeit sein; man muß gewisse Dinge erlebt haben, um sie zu verstehen, und Europa steht ihnen geistig so fern wie uns China in diesen letzten schrecklichen Zeiten."[23]

Das Abgeschnittensein von Bibliotheken und Büchern empfand Zweig darüber hinaus als unerträglich. Statt „Trösteinsamkeit" und „Arbeitsruhe" gestaltete sich Petrópolis zum Gefängnis. Die Lebensweise dort stieß ihn in einen Zustand der Melancholie und Depressionen, gespiegelt in Dr. B. und seiner Isolationshaft im Hotelzimmer in der *Schachnovelle*.

Abgeschiedenheit von Büchern

> „Zweig, der selbst nie eingesperrt, nie gefoltert wurde und nie diese vollständige Isolierung tatsächlich erfahren hat, beschreibt sie doch so wie jemand, der dies am eigenen Leibe erlebt hat; seine eigene Erfahrung des Abgesondertseins, der Einsamkeit hat er so intensiviert, dass er zum Sprachrohr derer wurde, die dies erlebten und nicht mehr darstellen konnten."[24]

---

23 Stefan Zweig, Friderike Zweig, *Briefwechsel*. S. 355.
24 Ingrid Schwamborn (1984), S. 418.

In seinem Abschiedsbrief an Friderike am 22. Februar finden sich die Worte: „– ich litt soviel, daß ich mich nicht mehr konzentrieren konnte.“[25]

25 Stefan Zweig, Friderike Zweig, *Briefwechsel*. S. 357.

3.2 Inhaltsangabe

ZUSAMMENFASSUNG

Auf einem Passagierschiff von New York nach Buenos Aires fordert ein Millionär den mitreisenden Schachweltmeister Mirko Czentovic gegen Honorar zu einer Schachpartie heraus. Während der Partie bekommt er beratende Hilfe von dem österreichischen Emigranten Dr. B., die dazu führt, dass ihm ein Remis (Unentschieden) gegen den Weltmeister gelingt. Dr. B. hat das Schachspiel während seiner Isolationshaft durch die Gestapo in einem Hotelzimmer, in dem er von der Umwelt hermetisch abgeriegelt war, gelernt. Dies wurde durch den Diebstahl eines Schachbuchs mit 150 Modellpartien möglich, die er blind nachspielte, um seine intellektuelle Widerstandskraft zu erhalten. Durch die einseitige geistige Anstrengung aber ergriff ihn ein Nervenfieber, das dazu führte, dass man ihn aus der Haft entließ. Nun lässt Dr. B. sich erstmals auf einen tatsächlichen Gegner ein, um festzustellen, ob sein Spiel in der Isolationshaft bereits Wahnsinn gewesen ist. In der ersten Partie schlägt er den Weltmeister, der roboterhaft wie eine Maschine spielt, ohne für seinen Gegner mitzudenken. Danach lässt er sich aber noch einmal – eigentlich gegen den eigenen Willen – auf eine zweite Partie ein, während der sich das Nervenfieber erneut ankündigt. Nur durch Abbruch der Partie kann er sich retten.

Einleitende Darstellung vor Ablegen des Schiffes nach Argentinien

Der Ich-Erzähler erfährt kurz vor der Fahrt auf einem Passagierdampfer von New York nach Buenos Aires vom mitreisenden Schachweltmeister Mirko Czentovic.

Ort der Handlung: Passagierdampfer von New York nach Buenos Aires

Die Handlung setzt kurz vor dem Ablegen des **Passagierdampfers** von New York nach Buenos Aires an Bord des Schiffes ein. Der **Ich-Erzähler** befindet sich mit anderen Reisenden an Deck und beobachtet zusammen mit seinem Freund die Hektik des Aufbruchs. Dabei entdeckt er auch aufleuchtende Blitzlichter, die einem Prominenten an Bord gelten. Hier erfährt der Ich-Erzähler von seinem besser informierten Begleiter, dass die Aufmerksamkeit der Reporter dem amtierenden Schachweltmeister Mirko Czentovic gilt. Er ist zur Fortsetzung seiner Schacherfolge auf dem Weg nach Argentinien. Der Freund, ein aufmerksamer Zeitungsleser, kennt die Lebensgeschichte Czentovics, die er, durch eine Reihe von Anekdoten ergänzt, dem Ich-Erzähler schildert.

Erzählerbericht zur Lebensgeschichte Mirko Czentovics

Der Schachweltmeister stammt aus armen Verhältnissen, wuchs bei einem Pfarrer auf und trat – vor Erkennen seines unglaublichen Schachtalents – durch seine geringen geistigen Fähigkeiten, seine Gleichgültigkeit und Schläfrigkeit hervor.

Czentovic wird trotz seiner Unbildung überraschend Weltmeister

Mirko Czentovic ist vor etwa einem Jahr auf einmal zu Weltruhm gelangt, als er unerwartet die bekannten Schachmeister besiegt und die Spitze des Meisterfeldes übernommen hat. Das Aufsehen seines Aufstiegs ist umso größer, als es sich bei ihm um einen völlig Unbekannten handelt, dessen intellektuelle Fähigkeiten auf anderen Gebieten als äußerst eingeschränkt gelten. Seine Unbildung ist offenbar sprichwörtlich. Man sagt ihm nach, nicht fähig zu sein, auch nur einen Satz in irgendeiner Sprache orthografisch richtig zu schreiben.

Als Sohn eines mittellosen südslawischen Donauschiffers, der bei einem Schiffsunfall ums Leben gekommen ist, wird der damals Zwölfjährige vom Pfarrer eines abgelegenen Banater Dorfs aufgenommen. Dieser ermöglicht ihm den Schulbesuch und darüber hinaus auch Nachhilfeunterricht; doch alle Bemühungen, ihm mehr als lückenhafte Grundfertigkeiten beizubringen, scheitern an seiner eingeschränkten, dumpfen, maulfaulen Begabungslosigkeit. Bereitwillig besorgt er die ihm aufgetragenen praktischen Dienste, aber intellektuelle Anstrengungen scheut er und zeigt völlige Teilnahmslosigkeit an geistigen Dingen. Selbst die drei Schachpartien, die allabendlich zwischen dem Pfarrer und dem Gendarmeriewachtmeister im Pfarrhaus gespielt werden, bei denen der Junge regelmäßig anwesend ist, scheinen ihn nicht aus seiner Gleichgültig- und Schläfrigkeit herauszulocken.

Doch als eines Abends der Pfarrer die Partie unterbrechen muss, weil er zu einem Sterbenden gerufen wird, und der Gendarm, zum Gehen gewendet, den Jungen scherzhaft fragt, ob er die Partie zu Ende spielen wolle, stimmt der Junge zu und setzt den Gendarm zu dessen Überraschung nach vierzehn Zügen matt.

Der zurückgekehrte Pfarrer, der dies Ereignis für ein Wunder hält, fordert Czentovic noch am gleichen Abend zu einer weiteren Partie heraus und verliert ebenfalls. Die fortwährenden Niederlagen seiner Gegner setzen sich in den nächsten Tagen ununterbrochen fort. Neugierig geworden, entschließt sich der Pfarrer deshalb, den Burschen Schachspielern der Nachbarstadt zuzuführen, um dessen einseitige, sonderbare Begabung testen zu lassen.

Nach einer verlorenen und einer unentschieden gespielten Partie ist er selbst in simultan gespielten Partien unschlagbar, sodass man sich entschließt, dem Wunderknaben eine Ausbildung in der Schachkunst bei einem Meister in Wien angedeihen zu lassen, die von dem ansässigen Grafen Simczic, einem Schachfanatiker, bezahlt wird.

Nach einem halben Jahr der Ausbildung beherrscht Czentovic die Schachtechniken vollkommen, nur ist er zu keinem Zeitpunkt in der Lage, eine Partie blind zu spielen. Die Fähigkeit, in einem nur vorgestellten Raum zu agieren, erwirbt er nicht. Er braucht stets die konkrete Anschauung, weshalb er in der Folgezeit immer ein zusammenfaltbares Spielfeld und Figuren mit sich führt, um Schachprobleme für sich zu lösen. Mit siebzehn Jahren bringt er es zum ungarischen Meister und mit zwanzig zum Weltmeister.

In der Öffentlichkeit zeigt er sich scheu und verschlossen, allem, was ihn als intellektuellen Outsider hätte entlarven können, geht er aus dem Weg. Er wird deshalb Gegenstand vieler Anekdoten, die ihn zu einer grotesken und komischen Figur stempeln.

Groteske Figur, die ihre Begabung zu vermarkten weiß

Seine Begabung aber weiß er geschickt zu vermarkten. Er spielt wahllos mit allen ihm entgegentretenden Partnern, wenn nur das Honorar stimmt. So ist er bereits zu einem erklecklichen Vermögen gelangt, das ihn stolz macht. Aus Mangel an Übersicht und Bildung hält er sich für den wichtigsten Mann der Welt, wenig verwunderlich sei es, so der Freund, dass ein einundzwanzigjähriger Bauernbursche aus dem Banat den Eitelkeitkoller bekomme, wenn er mit ein bisschen Herumschieben der Holzfiguren auf dem Schachbrett in einer Woche mehr verdienen könne als ein ganzes Holzfällerdorf während eines ganzen Jahres.

Schachspiel zwischen Ich-Erzähler und dem Schotten McConnor

Für ein hohes Honorar lässt sich Czentovic zu einer Schachpartie gegen die Mitreisenden überreden. Der unsympathische Weltmeister gewinnt diese. Zur Revanchepartie tritt Dr. B. hinzu, der überraschend ein Remis gegen den Weltmeister erreicht, bevor er unter Entschuldigungen überstürzt den Raum verlässt.

Der Erzähler will Czentovic kennenlernen

Nun ist der Ich-Erzähler neugierig geworden. Er möchte Czentovic näher kennenlernen und seine wunderliche Psyche studieren; doch jeder Versuch, sich ihm auf gewöhnliche Weise zu nähern, scheitert.

Lockvogelspiele gegen McConnor

Deshalb entschließt sich der Ich-Erzähler zu einer List: Um Czentovic und mögliche andere Schachliebhaber der Schiffspassage anzulocken, entschließt er sich, im Rauchsalon des Schiffes mit seiner Frau öffentlich Schach zu spielen. Seine Absicht, andere Schachliebhaber zu finden, erfüllt sich. Besonders ein Passagier, der schottische Tiefbauingenieur **McConnor**, der bei Ölbohrungen in Kalifornien ein Vermögen gemacht hat, findet sich ein und fordert den Ich-Erzähler zu einer Partie heraus. Er verliert die erste Partie, was ihm wie eine persönliche Niederlage und Herabsetzung seines eigenen Persönlichkeitsbewusstseins vorkommt. Deshalb wird er nicht müde, immer wieder neue Spiele als Revanche für verlorene zu fordern, sodass das Spiel permanente Fortsetzung findet. Der dritte Tag endlich führt auch Czentovic an das Schachbrett. Nach kurzem, prüfendem Blick wendet er sich jedoch ab, da er offenbar den Dilettantismus der Spieler erkannt hat. Sein Auftauchen aber hat durch den Hinweis des Ich-Erzählers auf die flüchtige Anwesenheit des Schachweltmeisters eine außergewöhnliche Reaktion McConnors zur Folge. Dieser setzt sich in den Kopf, gegen Czentovic anzutreten. Eine diesbezügliche Bitte gegenüber Czentovic geäußert, erweist sich insofern von Erfolg gekrönt, als McConnor ihm für das Spiel ein Honorar von zweihundertfünfzig Dollar anbietet. Die Partie, zu der alle schachinteressierten Passagiere eingeladen werden, wird auf den nächsten Nachmittag im Rauchsalon angesetzt.

Czentovic erscheint

McConnor macht Czentovic ein Angebot

Erstes Spiel gegen Czentovic

Bewusst verspätet erscheint der Weltmeister tags darauf zum Spiel. Folgende Modalitäten werden in der Schachrunde getroffen: Czentovic spielt allein gegen die anwesenden Schachkenner. Er selbst zieht sich unmittelbar nach jedem Zug in eine Ecke des Salons zurück. Die andere Partei berät ungestört den Gegenzug innerhalb eines Zeitlimits von zehn Minuten. Das Spiel, das vom Weltmeister mit unmenschlicher Automatik und Ignoranz gegenüber den Gegnern durchgeführt wird, geht für die Gegenspieler verloren. McConnor aber fordert Revanche, die Czentovic aufgrund des Dollargeschäfts gewährt.

Zweites Spiel gegen Czentovic

Die folgende Partie lockt noch ein paar Neugierige mehr an, ansonsten aber bietet sich das gleiche Bild der Überlegenheit des Weltmeisters. Beim siebenunddreißigsten Zug jedoch scheint es überraschenderweise so, als habe sich die Konstellation auf dem Schachbrett für die Gruppe vorteilhaft gestaltet. Ein Zug mit dem Bauern verspricht den Gewinn der Dame. Doch als nach allgemeiner Zustimmung McConnor zu dessen Ausführung ansetzt, wird er von einem Herrn massiv zurückgehalten, der ihm bedeutet, dass er mit diesem Zug nach neun bis zehn Zügen matt gesetzt sein würde.

Überraschende Wendung durch Dr. B.

Von diesem Augenblick an überlässt sich McConnor der Beratung des Neuhinzugekommenen, den er für seine Weitsicht im Schachspiel bewundert und der Czentovic soweit in Verlegenheit bringt, dass dieser am Schachbrett Platz nehmen muss, um das Spiel überlegt fortzusetzen. Nach sieben weiteren Zügen wird die Partie in der Tat mit einem Remis beendet.

Remis gegen den Weltmeister

Scheinbar gleichmütig bietet Czentovic mit Blick auf den fremden „Retter" eine dritte Partie an, die McConnor ohne zu zögern, im Vorgriff auf die Zustimmung des Fremden annimmt, den er zum alleinigen Gegner des Weltmeisters zu machen gedenkt. Der Fremde aber schreckt zurück. Er entschuldigt sich für seine Einmischung ins Spiel, behauptet, seit fünfundzwanzig Jahren keine Schachfi-

Dr. B. verlässt überstürzt den Raum

gur mehr angerührt zu haben, und verlässt den Raum. Czentovics Angebot eines neuerlichen Spiels bleibt jedoch für den nächsten Nachmittag bestehen. Er beurteilt noch das Spiel des Fremden als „etwas befremdlich und interessant" (44), um das eigene Versagen zu verschleiern. Diese Haltung aber fordert die Kampfeslust der Gegner heraus, die die Partie unbedingt durchführen wollen. Alles soll darangesetzt werden, den unbekannten Helfer, der wie der Ich-Erzähler Österreicher ist, als alleinigen Gegner Czentovics zu gewinnen. Diese Aufgabe fällt dem Ich-Erzähler zu.

Dr. B. erzählt seine Lebensgeschichte

Dr. B. erzählt dem Ich-Erzähler seine Lebensgeschichte: Dr. B. war von den Nazis in Isolationshaft genommen worden. Um in der Einsamkeit nicht verrückt zu werden, spielte er zunächst Schachpartien aus einem Buch nach, später spielte er unter Gefahr einer Bewusstseinsspaltung im Kopf gegen sich selbst Schach. Dies trieb ihn in ein „Gehirnfieber", das er nach Entlassung aus der Haft nur durch völlige Schachabstinenz überwinden konnte. Dr. B. erklärt sich bereit, ein einziges Spiel gegen Czentovic zu spielen.

Kurz darauf schon findet der Ich-Erzähler den Entflohenen auf dem Deck. In dem nun folgenden Gespräch stellt dieser sich ihm als **Dr. B**. vor, und der **Ich-Erzähler** kann ihn sogleich in eine der ersten Familien des österreichischen Kaiserreichs einordnen. Dr. B. erzählt ihm daraufhin ausführlich die Geschichte seiner jüngsten Vergangenheit:

Dr. B. erzählt seine Geschichte

Als Leiter einer Wiener Anwaltspraxis hat er vermögende Klöster und Mitglieder der kaiserlichen Familie in Vermögensdingen beraten, eine Dienstleistung, die absolutes Vertrauen und Diskretion voraussetzt. Mit dem drohenden Anschluss Österreichs an Hitler-Deutschland und der Infiltration der Nazi-Herrschaft wird diese

Tätigkeit jedoch insofern lebensgefährlich, als die Nazis versuchen, die Vermögensverhältnisse seiner Klienten auszuforschen, um sich selbst in den Besitz der Vermögen zu bringen. Von ihm selbst nicht entdeckt, hat man ihm von kirchlicher Seite einen Kanzlisten zur Mitarbeit empfohlen, der sich später als Spion entpuppt. Zwar hat Dr. B. diesem Mitarbeiter gegenüber alle Vorsicht walten lassen, doch war er sich im Letzten nicht sicher, ob diesem nicht doch wertvolle Informationen bekannt geworden waren. Am Abend des Rücktritts des österreichischen Bundeskanzlers Schuschnigg, dem Vorabend vor dem Einzug der Hitlertruppen in Wien, wird Dr. B. von der Gestapo verhaftet. Zwar ist es ihm noch vorher gelungen, wichtige Akten zu verbrennen und andere durch seine Haushälterin in einem Waschkorb versteckt aus dem Haus zu schaffen, doch wird er nun in eine Isolierzelle des Hotels Metropole, dem Hauptquartier der Gestapo gebracht, um ihm wichtige Geheimnisse abzupressen. Dort wird er über Monate dem völligen Nichts ausgesetzt. Sein Geist kann sich an nichts anderem festmachen, als an den immer gleichen Gegenständen der eintönigen Umgebung des Zimmers. Es umgibt ihn eine zeit- und raumlose Leere. Nach vierzehn Tagen beginnen endlich die Verhöre. Zunächst kann er den Fangfragen noch mit großer Aufmerksamkeit begegnen, es bleibt ihm aber verborgen, wie viel die Gestapo von den Vorgängen in seiner Kanzlei wirklich weiß.

Verhaftung durch die Gestapo

Einzelhaft und völlige Isolation

Die Verhöre belasten ihn ebenso wie die Rückkehr in die Isolation des Zimmers, in dem er selbst die Marter des Fragens und Rekonstruierens seiner Antworten zwischen den Verhören fortsetzt. Sein Gehirn gerät allmählich in Unordnung. In der ihn umgebenden Leere verliert er jegliche Konzentrationsfähigkeit. Nach Monaten ist er drauf und dran, sein Wissen preiszugeben. Da entdeckt er, auf ein Verhör im Vorzimmer des Untersuchungsrichters wartend, in einer fremden Manteltasche die Umrisse eines Buchs, das er un-

Dr. B. läuft Gefahr, geistig aufzugeben

Rettung durch ein Schachbuch

ter großen Gefahren, aber durch ein geschicktes Manöver, an sich bringt, in der Hoffnung, seinem Geist in der Hotelzelle Nahrung und Entspannung bieten zu können. Doch stellt sich das Buch für ihn zunächst als große Enttäuschung heraus. Es enthält keine einzige gedruckte Zeile, sondern ist eine Sammlung von hundertfünfzig Meisterpartien im Schachspiel. Zunächst ist es ihm nicht möglich, sie zu entschlüsseln.

Dr. B. beginnt, in der Zelle Schach zu spielen

Doch nach und nach gelingt ihm der Aufschluss. Nach sechs Tagen kann er mit Hilfe primitiver Nachbildung eines Schachbretts, – der karierte Bettbezug und Figuren aus Brotresten dienen hierzu, – eine Meisterpartie tadellos nachspielen, nach acht Tagen gelingt ihm dies ohne Vergegenständlichung, nach vierzehn Tagen ist er in der Lage, jede Partie blind nachzuspielen. Diese Geistesbeschäftigung entreißt ihn der geistigen Monotonie, erfrischt ihn und schärft seine Beweglichkeit und Spannkraft. Zweieinhalb bis drei Monate hält diese Entspannung an, dann aber gibt es im Nachspiel keine Überraschungen, keine Probleme mehr, die alte Monotonie droht zurückzukommen.

Der geistige Zustand des Dr. B. verbessert sich

Eskalation durch das Schachspiel gegen sich selbst

In dieser Situation verfällt Dr. B. auf das Schachspiel gegen sich selbst. Er gerät dadurch in die Gefahr einer Bewusstseinsspaltung, indem er als Spieler und Gegenspieler zugleich die Züge des einen wie des andern vorausberechnet, sich als Schwarz und Weiß zugleich zu überlisten und zu schlagen versucht, in einer Person immer Gewinner und Verlierer sein muss. Dieser Widersinn, von ihm bis zum Exzess, Tag und Nacht bis in den Traum hinein betrieben, entzieht ihm den Boden unter den Füßen. Sein irres Spiel stößt ihn in ein Fieber, eine „Schachvergiftung“, aus der er – für sich selbst zunächst unerklärlich – im Bett eines Krankenhauses mit verbundener Hand aufwacht. Der Arzt klärt ihn über die Geschehnisse in der Isolationshaft auf:

„Schachvergiftung“

Dr. B. hat sich im Zustand seiner ständigen, pathologischen Schachüberreizung auf dem Höhepunkt seiner geistigen Krise auf den durch sein Geschrei herbeigeeilten Zellenaufseher gestürzt, ihn als Feigling und Schuft tituliert und mit tätlichem Nachdruck aufgefordert zu „ziehen". Auf dem Weg zur ärztlichen Untersuchung hat er im Gang die Fensterscheibe eingeschlagen und sich dabei eine tiefe Schnittwunde an der Hand zugezogen. Mit der Diagnose „Gehirnfieber" ist er ins Krankenhaus eingeliefert worden, in dem er nun zu sich gekommen ist. Die Krankheit ist überstanden, der Arzt aber hat seinen Bericht so verfasst, dass Dr. B. aus der Haft entlassen wird mit der Auflage, Österreich innerhalb von vierzehn Tagen zu verlassen.

Dr. B. stimmt einem einzigen Spiel gegen Czentovic zu

Nun, nach Beendigung seines Lebensberichts, erklärt sich Dr. B. zu der Schachpartie gegen Czentovic bereit, um **ein einziges Mal** zu erproben, ob er wirklich in der Lage ist, ein reales anstelle eines nur vorgestellten Spiels zu bestreiten. […] „sie soll ein Schlussstrich unter eine alte Rechnung sein, – eine endgültige Erledigung und nicht ein neuer Anfang …" (95).

Schachduell zwischen Czentovic und Dr. B. mit glücklichem Ausgang

Die erste Partie, in der Dr. B. bereits immer nervöser wird, endet mit dem Aufgeben des Weltmeisters. Trotz Warnung spielt Dr. B. eine Revanchepartie, in der Czentovic ihn durch betont langsames Ziehen noch weiter provoziert. Der Ich-Erzähler warnt den überreizten Dr. B. kurz vor dem Nervenzusammenbruch, das Spiel zu beenden. Dr. B. entschuldigt sich und verlässt den Raum. Czentovic reagiert wie gewohnt überheblich.

Pünktlich zur verabredeten Zeit findet die Partie zwischen Czentovic und Dr. B. statt. Sie gestaltet sich von vornherein als quälend für Dr. B. und die Zuschauer, weil Czentovic endlose Überlegungspausen einschaltet, während Dr. B. kurz entschlossen Zug um Zug macht. Aufgrund des gegnerischen Verhaltens gerät er aber sichtlich in immer größere nervliche Anspannung und Hektik. Schließlich rennt er zwischen den Zügen in den Abmessungen seines Isolationszimmers unaufhörlich auf und ab. Nach zweidreiviertel Stunden endlich, niemandem gelingt mehr die rechte Aufmerksamkeit, nach dem zweiundvierzigsten Zuge, zwingt Dr. B. den Weltmeister zur Aufgabe, bevor dieser sich matt setzen lässt.

Czentovic spielt quälend langsam, was Dr. B. unruhig werden lässt

Czentovic gibt auf

Die daraufhin unmittelbar angebotene Revanchepartie von Czentovic nimmt Dr. B. ohne Zögern an. Den Ich-Erzähler befällt dabei ein großes Unbehagen, denn er beobachtet, dass das Spiel zu einem leidenschaftlichen und gefährlichen Kampf zweier Kontrahenten wird, bei dem Czentovic durch seine Taktik des Verzögerns und seine schwerfällige, geistige Langsamkeit Dr. B. in eine unkontrollierbare nervliche Anspannung bringt, die in einer Krise endet, in der Dr. B. beim neunzehnten Zug seinen Läufer drei Felder vorstößt und völlig ungerechtfertigt „Schach dem König!“ (108) bietet. Den sich ankündigenden Zusammenbruch Dr. B.’s kann der Ich-Erzähler durch geistesgegenwärtiges Eingreifen gerade noch abwenden. Er kneift Dr. B. hart in den Arm, fährt ihm über die blutrot verfärbte Narbe seiner Hand und sagt „Remember!“ (109) Unverhohlen fordert er ihn zum Abbruch der Partie auf und ruft Dr. B. so in die Gegenwart der Schiffsüberfahrt zurück. Dieser entschuldigt sich für das Geschehene und verlässt den Raum.

Dr. B. spielt trotz Warnung eine zweite Runde

„Remember!“ (109)

McConnor macht seiner Enttäuschung lautstark Luft und Czentovic bedauert den Abbruch des Kampfes mit den Worten: „Schade … Der Angriff war gar nicht so übel disponiert. Für einen Dilettanten ist dieser Herr eigentlich ungewöhnlich begabt.“ (110)

Schachnovelle; Verfilmung BRD 1960 (Regie: Gerd Oswald), Mario Adorf und Curd Jürgens als Czentovic und Dr. B. © Cinetext Bildarchiv

3.3 Aufbau

ZUSAMMEN-FASSUNG

Der zeitliche Aufbau ist durch abwechselnde Folgen von Gegenwart und Rückblenden gekennzeichnet. Die erste Rückblende erzählt die Lebensgeschichte Czentovics, die zweite Rückblende die Dr. B.'s. Die klassischen Merkmale der Gattung Novelle wie Wendepunkt, eine unerhörte Begebenheit sowie Leit- und Dingsymbole, zu denen bündige Aussagen gemacht werden, werden umgesetzt.

Zeitstufen

Schematische Darstellung:

GEGENWART	Einleitende Darstellung vor Ablegen des Schiffes
RÜCKBLENDE	Lebensgeschichte Czentovics, durch einen Erzähler vermittelt
GEGENWART	Schachspiel zwischen Ich-Erzähler und dem Schotten McConnor
RÜCKBLENDE	Lebensgeschichte Dr. B.'s, von ihm selbst erzählt
GEGENWART	Schachduell zwischen Czentovic und Dr. B.

Kommentar

Zeitsprünge in der *Schachnovelle*

Die von Zweig erzählte Zeit ist eng umrissen. Die Novelle setzt ein in der **Erzählgegenwart**, unmittelbar vor Ablegen des Schiffs von New York nach Buenos Aires. Nach wenigen Zeilen, in denen die Stimmung vor der Abfahrt eingefangen wird, wird zum ersten Mal **zurückgeblendet**, um den **Lebenslauf** des amtierenden Schachweltmeisters **Mirko Czentovic**, des prominentesten Passagiers an Bord, nachzuzeichnen. Erzähler der Lebensgeschichte ist der Freund des Ich-Erzählers. Gleich zu Beginn wird daher das Augenmerk auf eine der Hauptpersonen gerichtet, denen Erzählhandlung und Erzählziel gelten. Innerhalb dieser ersten Rückblende wird sukzessiv, d. h. der Reihe nach, anekdotenhaft gerafft, im Erzählerbericht episch erzählt. Knapp ein Viertel des Gesamtumfangs entfällt auf die **Vorstellung der ersten Hauptperson**.

Vorstellung der ersten Hauptperson umfasst etwa ein Viertel des Gesamtumfangs

Aus der Rückblende wird die Erzählung in die **Erzählgegenwart** überführt. Es geht darum, einen Weg zu finden, Mirko Czentovic in den geplanten Erzählverlauf zu integrieren. An dieser Stelle gewinnt das **Schachspiel** erstmals **zentrale Bedeutung**. Die neu eingeführten Personen, der Schotte McConnor und etwas später Dr. B., sind insofern mit dem Schachspiel eng verbunden, als es in ihrem Bewusstsein eine Rolle spielt. McConnor ist Liebhaber und selbstbewusst ehrgeiziger Spieler, am liebsten Gewinner, Dr. B. ist durch sein Schicksal mit dem Schachspiel verflochten.

Konsequent wendet sich die Erzählung nun den Ereignissen im Leben Dr. B.'s zu, die ihn schicksalhaft mit dem Schachspiel verbanden. Wieder handelt es sich um eine **Rückblende**, allerdings mit dem Unterschied, dass **Dr. B.** dem Ich-Erzähler **selbst** den schicksalhaften Lebensabschnitt episch darlegt. Die Rückblende Dr. B.'s umfasst knapp die Hälfte des Erzählganzen. Sie ist, abgesehen vom Erzähleinsatz, wo die Gesprächseröffnung noch indirekt durch den Ich-Erzähler wiedergegeben wird und von ihrem Ende, wo wenige Sätze des Ich-Erzählers an Dr. B. gerichtet werden, **monologisch** erzählt. Da Dr. B. selbst berichtet, handelt es sich um authentisches Erzählen; das Erzählte ist nicht vermittelt und nicht anekdotenhaft durchsetzt wie im Fall Czentovics. Mit Dr. B. ist die **zweite Hauptperson** eingeführt, und am Ende der Erzählung wird die Handlung in die Gegenwart zurückgeführt, indem Dr. B. der Schachpartie mit dem Weltmeister zustimmt. Sie endet, dramatisch zugespitzt,

Vorstellung der zweiten Hauptfigur umfasst etwa die Hälfte des Gesamtumfangs im szenischen Spiel, mit dem Duell der Kontrahenten und seinem überraschenden Ausgang in der Erzählgegenwart, in der die epische Distanz aufgegeben ist. Der letzte Satz wird von Czentovic **gesprochen**.

Ende: Duell der Kontrahenten

Zur Gattung

Mit der *Schachnovelle* hat Stefan Zweig eine klassische Novelle geschrieben, die nahezu alle **Gattungsmerkmale** schulgerecht erfüllt. Zu den klassischen Merkmalen zählen Rahmen, Wendepunkt, die unerhörte Begebenheit sowie Leit- und Dingsymbole, zu denen bündige Aussagen gemacht werden.

Gattungsmerkmale in der *Schachnovelle*

Die seit Boccaccio und Goethe klassisch gewordene Form weist in der Regel einen **Rahmen** auf, der auf zweierlei Weise erfüllt werden kann: Entweder handelt es sich um einen **Novellenkranz**, was bedeutet, dass eine Reihe von Novellen nacheinander in einer bestimmten, unveränderten Situation (Boccaccio, *Decamerone*: Flucht vor der Pest, Goethe, *Unterhaltungen deutscher Ausgewanderten*: Flucht vor den heranrückenden Revolutionstruppen) erzählt werden, oder um eine **Rahmung**, bei der das Ende der Novelle konsequent in die Anfangssituation zurückgeführt wird (Storm: *Immensee*).

Verzicht auf einen Rahmen

Die *Schachnovelle* verzichtet auf den Rahmen. Stattdessen konzentriert sich die gesamte Handlung auf einen äußerst eingeschränkten Handlungs- und Bewegungsraum. Da sich die Personen während der gesamten Erzählzeit auf einem Schiff befinden, bewegen sie sich nicht selbst voran, sondern werden bewegt. Die Schiffsreise kann daher symbolhaft für das Leben der Figuren stehen, das nicht selbst-, sondern fremdbestimmt abläuft.

Schulmäßige Beachtung schenkt Zweig der **unerhörten Begebenheit,** dem zentralen Merkmal novellistischen Erzählens. Von

Unerhörte Begebenheit

Anfang an läuft die Handlung auf die beiden **Schachpartien** zwischen Czentovic und Dr. B. zu. Darum werden die beiden Hauptfiguren zielgerichtet vorgestellt. Zwischen der Ankündigung und der Durchführung des Schachspiels wird mit der Erzählung Dr. B.'s ein retardierendes Moment eingeschoben. Es bereitet den Leser auf zwei unterschiedliche Möglichkeiten des Endes der Handlung vor.

Wendepunkt

In der Realisierung beider Möglichkeiten liegt die unerhörte Überraschung. Zunächst besiegt Dr. B. den Weltmeister, doch leitet der Sieg den **Wendepunkt** ein – ein weiteres häufig realisiertes Novellenmerkmal –, weil Dr. B., entgegen seiner Ankündigung, einer Revanche zustimmt. In dieser Partie, die von Aggressionen und Hass bestimmt ist, entgeht Dr. B. in letzter Minute durch Aufgabe des Spiels seinem völligen nervlichen Zusammenbruch. **Unerhörte Begebenheit** und Finale fallen zusammen.

Leit- oder Dingsymbole

Klassisch im Sinne novellistischen Erzählens ist die Verwendung von **Leit- oder Dingsymbolen**. Das Schachbrett mit seinen 64 Feldern bildet den begrenzten Lebensraum des Menschen ab. Auf ihm agiert das Ensemble der Figuren in den durch Regeln begrenzten Möglichkeiten. Nur im Rahmen der vorgegebenen Regeln ist freies Agieren durch phantasievolles Kombinieren möglich. Das Schachspiel spiegelt unterschiedliche Lebenskonzepte: Das phantasievolle, kreative, geistig agile Handeln von Dr. B. trifft auf den geistlosen Schachautomaten Czentovic. In diesem Kampf unterliegt der humane Geist dem seelenlosen Funktionär.

Eine solche Personenkonstellation folgt den Grundprinzipien des Novellenpersonals.[26] In seiner Autobiografie *Die Welt von Gestern* spricht Stefan Zweig „einen gewissen persönlichen Zug meiner

---

26 Vgl. Winfried Freund, Einleitung –„*... und ob es eine Tat war oder nur ein Ereignis ...*" Ein Versuch über die Novelle. In: W. F. (Hrsg.): Deutsche Novellen UTB W. Fink Uni Taschenbücher 1753. München 1993. S. 7–13 und Winfried Freund, Theorie der Novelle. In: Novelle. Reclam Literaturstudium. Stuttgart 1998. S. 9–63.

inneren Einstellung an, die unweigerlich nie die Partei der sogenannten ‚Helden' nimmt, sondern Tragik immer nur im Besiegten sieht. In meinen Novellen ist es immer der dem Schicksal Unterliegende, der mich anzieht, [...]".[27] Angesichts dieser Auffassung ist Dr. B. die zentrale Figur. Doch der phantasiebegabte, human denkende Geist unterliegt dem Automatismus einer funktionierenden Maschinerie im Schachspiel ebenso wie im Leben. Dies ist die zum Symbol verdichtete unerhörte Begebenheit, Spiegel der sich zwanghaft ereignenden Tragik von Zweigs Vertreibung aus der Welt des Geistes durch die Brutalität und Barbarei der Naziherrschaft und des durch sie angezettelten Zweiten Weltkriegs.

Insofern charakterisiert Zweig seine Novelle gegenüber Berthold Viertel am 28. 10. 1941, wenn er schreibt: „[...] eine kuriose Novelle, eine Schachnovelle **mit einer eingebauten Philosophie des Schachs**."[28]

---

27 *WVG*, S. 159.
28 Schwamborn (1984), S. 411.

3.4 Personenkonstellation und Charakteristiken

ZUSAMMEN-FASSUNG

Neben den beiden Hauptpersonen Mirko Czentovic und Dr. B. tauchen der Ich-Erzähler und McConnor auf. Alle übrigen Personen nehmen die Rolle von Statisten ein. Die Figuren werden im Folgenden näher charakterisiert und auf ihre Konstellationen hin überprüft.

Die Hauptfiguren

Novellentypisch wenige Figuren

Die auf das Wesentliche reduzierte Novelle kommt mit wenigen Personen aus. Charakterisiert werden Czentovic, Dr. B. und McConnor. Die übrigen Personen bleiben Statisten. So findet die Frau des Ich-Erzählers, mit der er im Rauchsalon die erste Schachpartie spielt, um den Weltmeister anzulocken, beispielsweise nur eine einzige Erwähnung. Aus der Mitspielergruppe gewinnt niemand Konturen. Auch vom Ich-Erzähler erfährt der Leser nur, dass er als Österreicher ein Landsmann Dr. B.'s ist.

Dr. B., Czentovic und McConnor verhalten sich zueinander wie Spieler (Protagonist), Gegenspieler (Antagonist) und Spielleiter. Die Spielleiterfunktion übt McConnor aus, indem er die materiellen Forderungen Czentovics erfüllt und die Handlung durch die Fortsetzung der Spielsituation vorantreibt.

McConnor,

McConnor in der Spielleiterfunktion

ein vermögender schottischer Tiefbauingenieur, wird als Erfolgsmensch vorgestellt, gewohnt, sich im Leben rücksichtslos durchzusetzen. (26) Dies gilt für ihn in allen Lebenssituationen, auch im Schachspiel. Jede Niederlage bedeutet ihm persönliche Herabsetzung und Verlust an Persönlichkeitswert. Deshalb ist er weder willens noch bereit, Niederlagen im Spiel auf sich beruhen zu lassen. Ein verlorenes Spiel fordert ihn zu unmittelbarer Revanche heraus. Diese Haltung führt dazu, dass das Schachspiel an Bord zwischen dem Ich-Erzähler und McConnor über Tage fortgesetzt wird. Gerade die Geringschätzung der Schachkunst des Ich-Erzählers wie der McConnors durch den nur kurz am Schachbrett auftauchenden Weltmeister, ruft den Ehrgeiz McConnors wach, der mit allen Mitteln eine Partie gegen den Weltmeister durchsetzt. Die zutreffende Beurteilung seiner Spielweise als „drittklassig" (29) verärgert ihn erneut und stachelt ihn gewaltig an. Sich durchzusetzen, geht ihm über alles.

Blinder Ehrgeiz als herausragende Eigenschaft

Darüber hinaus ist seine temperamentvolle, spontane Art, die während des Spiels zu „unbeherrschter Leidenschaft" und fanatischem Ehrgeiz eskaliert, mit dafür verantwortlich, dass Dr. B. die Partie gegen Czentovic annimmt und sich, entgegen der zuvor getroffenen Entscheidung, auf ein weiteres Spiel einlässt.

Die Aufgabe dieser zweiten Partie durch Dr. B. verführt den wenig einfühlsamen, gezielt die eigenen Vorstellungen durchsetzenden McConnor zu der enttäuschten Apostrophierung des Dr. B. als „Damned fool!" (Verdammter Narr!, 110)

Mirko Czentovic

Czentovic als Antagonist

wird zwar als Schachweltmeister eingeführt, doch der Erzähler wertet dessen intellektuelle Fähigkeiten völlig ab. Die Schule hat gezeigt, dass sein Gehirn schwerfällig arbeitet und ihm jede festhaltende Kraft (9) fehlt. Von geistigen Dingen blieb „das maulfaule, dumpfe, breitstirnige Kind" (9) unberührt. Er blieb halb im Analphabetismus stecken. (12) Praktische Dienste erledigte er gehorsam, allerdings mit gehöriger Langsamkeit. Überraschend zeigt er im Schachspiel eine „einseitige sonderbare Begabung" (12). Mit zwanzig ist er nach kurzer Ausbildung ungarischer Schachmeister und

Einseitig begabter Schachweltmeister

kurz darauf Weltmeister. Den Mangel an imaginativer Kraft, der sich in der vollkommenen Unfähigkeit niederschlägt, ohne Brett und Figuren spielen zu können, ersetzt er durch zähe und kalte Logik. Mit ihm bricht ein Außenseiter, begabt mit „Phlegma und Imbezillität" (16) in die geistige Welt des königlichen Spiels ein. Abstoßend wirken seine Geldgier und sein Stolz. Beide entspringen dem materiellen Erfolg. Sein automatisiertes Schachspiel wird beurteilt als „ein bißchen Figurenherumschieben auf einem Holzbrett", (18) das ihm in einer Woche mehr Geld einbringt, als seinem ganzen Dorf die Holzfällerabrackerei in einem Jahr. Aus dem materiellen Erfolg nährt er seinen Stolz. Doch hinter seiner Beschränktheit verbirgt sich genügend Gerissenheit, die ihn davor bewahrt, sich in der Öffentlichkeit irgendeine Blöße zu geben. Sein Verkehr beschränkt sich auf Leute seines Schlags, allen anderen entzieht er sich geschickt. Dass er schließlich für das Spiel gewonnen werden kann, ist auf das Honorarangebot McConnors zurückzuführen.

Geldgierig und stolz

Sein Spiel spult er kalt, unpersönlich und teilnahmslos gegen die Mitspieler ab. Die veränderte Situation, die durch das Eingreifen von Dr. B. im Spielablauf herbeigeführt wird, lässt Czentovic aufmerksamer werden. Der gegnerische Widerstand zwingt ihn von seiner hohen Warte in die räumliche Ebene seiner Gegenspieler (41).

Das Remis fordert von ihm Verstellung, die zur Schau getragene Gleichmut und Lässigkeit sind nur vorgetäuscht. Das Angebot, eine weitere Partie zu spielen, entspringt reiner Geschäftlichkeit. Dieses Auftreten schürt in den Gegnern das „Verlangen, einen derart unerschütterlichen Hochmut gedemütigt zu sehen" (45).

Dr. B. als Protagonist

Verantwortungsbewusster Mann des Geistes

Ganz anders verhält sich der Protagonist **Dr. B.** Er ist ein Mann des Geistes, entstammt einer hochangesehenen Wiener Familie und übt einen akademischen Beruf aus. Als Anwalt arbeitet er verantwortungsbewusst, verschwiegen und um das Wohl und die Sicherheit seiner Klienten besorgt.

Als der Ich-Erzähler Dr. B. auf dem Deck begegnet, trifft er auf einen äußerst höflichen, feinfühligen Menschen, an dessen Aufrichtigkeit und Wahrhaftigkeit kein Zweifel besteht. Vornehme Blässe, Anzeichen vorzeitigen Alterns und nervöses Zucken um den Mundwinkel verraten eine schicksalhafte Vergangenheit, die Dr. B. als Opfer des Nazi-Terrors anschaulich zu schildern weiß. Gewohnt, stets anspruchsvoller geistiger Beschäftigung nachzugehen, gerät er unter unvorstellbaren psychischen Druck, als die Gestapo ihn in Isolationshaft nimmt und ihn von jeder Möglichkeit, dem Nichts zu entkommen, abschneidet. „Es gab nichts zu tun, nichts zu hören, nichts zu sehen, überall und ununterbrochen war um einen das Nichts, die völlige raumlose und zeitlose Leere" (57).

Sein geistiger und intellektueller Anspruch treibt ihn während und nach den Verhören in selbstquälerisches Repetieren der Fragen und Antworten unter dem Druck der Verantwortung für seine Klienten. Bei aller Widerwärtigkeit ist er in der Lage, die Gefahr zu erkennen, die im Nachlassen seiner Aufmerksamkeit und seines Gedächtnisses liegt.

Einfühlsam, lernfähig und intelligent

Während der glücklichen Wendung, die sich in der Haft durch seinen Diebstahl eines Buchs mit Meisterpartien im Schach ergibt, zeigt er sich nach anfänglicher Enttäuschung als äußerst einfühlsam und lernfähig. Er betrachtet die Entschlüsselung der ihm fremden Darstellungen als geistige Entspannung, als Möglichkeit, seinen Hunger „nach Gedrucktem, nach Geschriebenem" (65) ersatzweise zu befriedigen. Die kurze Frist, die er zur Perfektionierung seiner Schachkenntnisse und zur Beherrschung der Partien ohne Brett und Figuren benötigt, stellt seine Intelligenz eindrucksvoll unter Beweis. Das Durchschauen der unbegrenzten Kombinationsmöglichkeiten beflügelt ihn und lässt ihn den Vorzug des Schachspiels erkennen, „durch Bannung der geistigen Energien auf ein engbegrenztes Feld selbst bei anstrengendster Denkleistung das Gehirn nicht zu erschlaffen, sondern eher seine Agilität und Spannkraft zu schärfen" (74). Er gewinnt ein „künstlerisches, ein lusthaftes Verständnis" des Schachspiels (75). Die Spielauffassungen der späteren Kontrahenten könnten kaum gegensätzlicher sein.

Gegensätzliche Spielauffassungen der Kontrahenten

Doch Dr. B.'s beweglicher Geist braucht fortwährend neue Reize. Nach einigen Wochen hat er die Lust am Nachspielen verloren, weil er alle Partien traumhaft sicher beherrscht. In dieser Situation verfällt er auf den Gedanken, sich eigene Partien auszudenken und gegen sich selbst im Spiel anzutreten. „[...] ich mußte mir statt der alten Partien neue erfinden. Ich mußte versuchen, mit mir selbst (...) zu spielen" (77). Wohl wissend, dass dies Verhalten in Schizophrenie, in Bewusstseinsspaltung enden muss, lässt er sich darauf ein, um nicht „dem puren Irrsinn oder einem völligen geistigen Marasmus zu verfallen" (78). Die von Dr. B. selbst als „Irrsinn" (80) bezeichnete Situation führt schließlich zu einem Nervenfieber und im Gefolge zu seiner Freilassung aus der Haft. In der Beurteilung seiner Situation und im Nachzeichnen des Krankheitsbildes zeigt Dr. B., dass er ein genauer, einfühlsamer Beobachter ist und psychologisch zu analysieren versteht. Hellsichtig beurteilt er sein Verhalten als irrwitzig unersättlich, als Besessenheit, Manie, Spielzwang und frenetische Wut (83).

Selbst als er durch die Annahme der Revanchepartie am Ende der Novelle nochmals in diese gefährliche nervenzerreißende Situation gerät, – Czentovics Taktik der Langsamkeit versetzt Dr. B. in ein Verhalten von Exaltiertheit und veranlasst ihn zu laut ausgestoßenen boshaften Bemerkungen, – (103) ist er noch in der Lage, rechtzeitig abzubrechen. Ein Augenblick der Erinnerung („Remember!"; 109) des Ich-Erzählers genügt, um ihn in die Gegenwart zurückzuholen.

Dr. B. als charakterlicher Gegenspieler von Czentovic unterliegt diesem am Ende

In Dr. B. begegnet der Leser einem kreativen Intellektuellen von ausgesuchter Bildung und Erziehung, dem höfliches, humanes und einfühlsames Verhalten gegenüber dem anderen inneres Bedürfnis ist. Auch charakterlich ist er der absolute Gegenspieler von Czentovic, dem er jedoch am Ende unterliegt.

Die Figur des Ich-Erzählers

Ich-Erzähler als Moderator

Die Figur des Ich-Erzählers nimmt eine Moderatorenfunktion ein. Durch sein Interesse am Schachweltmeister Czentovic treibt er die Handlung voran, lässt sich die Lebensgeschichte des Czentovic erzählen und versucht daraufhin, diesen kennenzulernen. Dr. B. vertraut schließlich allein dem Ich-Erzähler seine Lebensgeschichte an, die ihn als Gegenspieler Czentovics charakterisiert. Aufgrund des Anstoßes durch den Ich-Erzähler – indem dieser McConnor verrät, dass es sich bei Czentovic um den Schachweltmeister handelt – kommt schließlich das Schachspiel zustande, das mit der Niederlage Dr. B's endet. Über den Ich-Erzähler selbst erfährt der Leser darüber hinaus wenig mehr, als dass dieser Österreicher ist und gemeinsam mit seiner Frau reist.

Wenig Informationen über die Figur des Ich-Erzählers

Der Ich-Erzähler als Moderator

1. Er stellt in einer Rückblende die Lebensgeschichte von Czentovic vor und kennzeichnet ihn als regelnormativen Spieler.

↓

2. Er vermittelt das Spiel des Weltmeisters und rückt das Schachspiel in den Mittelpunkt der Novelle.

↓

3. Er verfolgt den Wettkampf distanziert in der Überzeugung der Niederlage der Gruppe, die gegen Czentovic spielt.

↓

4. Er bewegt Dr. B. zur Darstellung seiner Lebensgeschichte, die ihn zu dessen Parteigänger macht.

↓

5. Er steht als Agent der Novelle auf der Seite der geistigen Tradition, die dem Untergang geweiht ist.

↓

6. Er macht sich zum Sprecher der anderen Passagiere und verbündet sich mit ihnen gegen Czentovic.

↓

7. Er ahnt die Niederlage von Dr. B. und will die zweite Partie abwenden.

↓

8. Er beeinflusst die Handlung und stellt sich der katastrophalen Wende, der endgültigen Niederlage der geistigen Tradition.

3.5 Sachliche und sprachliche Erläuterungen

Die Seitenangaben beziehen sich auf Zweig, Stefan: *Schachnovelle*. Frankfurt am Main: Fischer Taschenbuch Verlag, 62. Auflage: Oktober 2010.

S. 8	**Aljechin, Alexander**	Russe, Schachweltmeister von 1927–1935 und von 1937–1946.
	Capablanca, Raúl José	Kubaner, Diplomat, Schachweltmeister von 1921–1927, gab den Titel an Aljechin ab.
	Tartakower, Savielly	Bedeutender Schachspieler und Schachschriftsteller. Das von Zweig in Rio gekaufte Schachbuch stammt von ihm.
	Lasker, Emanuel	Deutscher Schriftsteller, Schachweltmeister 1894–1921, gab den Titel an Capablanca ab.
	Bogoljubow, Efim	Ukrainisch-deutscher Schachgroßmeister, konnte sich jedoch in den zwei Weltmeisterschaftskämpfen gegen Aljechin nicht durchsetzen.
	Rzeszewski, Samuel Herman	Eigentlich „Reshevsky“: amerikanischer Meister (polnischer Abstammung); seine großen Schacherfolge fallen in die 1930er bis 1950er Jahre.
S. 11	**Bileams Esel**	Gott verlieh der Eselin des heidnischen Propheten Bileam die Fähigkeit zu sprechen (4. Mose, 22–24).
S. 12	**Famulus**	Urspr. studentischer Gehilfe eines Hochschullehrers (heute noch im Bereich der Medizin gebräuchlich). Hier liegt ein ironischer Gebrauch vor.
	enragiert	Von frz. Rage = Wut hergeleitet, hier: begeistert, leidenschaftlich eingenommen.

S. 13	**Sizilianische Eröffnung**	Eigentlich „Sizilianische Verteidigung": eine der Standarderöffnungen im Schach.
	Remis	Unentschiedener Ausgang des Schachspiels.
S. 14	**Simultanpartie**	Ein einziger Spieler spielt an unterschiedlichen Brettern gegen mehrere Gegner gleichzeitig.
S. 16	**imaginative Kraft**	Vorstellungskraft.
	stupend	Verblüffend.
	Kutusow, Fürst Michail	Russ. Generalfeldmarschall; Kutusow gilt in Russland als Held des Vaterländischen Krieges von 1812/1813 gegen Napoleon.
	Hannibal	Einer der größten Feldherren der Antike, brachte Rom im Zweiten Punischen Krieg (218–201 v. Chr.; Krieg zwischen Römern und Karthagern [lat.: Punier]) die letzten schweren Niederlagen bei.
	Fabius Cunctator	Quintus Fabius Maximus Verrucosus, genannt Cunctator, der Zögerer: röm. Feldherr im Zweiten Punischen Krieg.
	Phlegma	Geistige Schwerfälligkeit, Trägheit.
	Imbezillität	Intelligenzschwäche.
S. 18	**Präpotenz**	Übermacht, Überlegenheit.
S. 19	**monomanisch**	An einer Zwangsvorstellung leidend.
	Abbreviatur der Welt	Verkürztes, vereinfachtes Weltbild.
	Spezimen	Probe, Muster, Modell, Beispiel.
S. 20	**peripatetische Deckrunde**	Spaziergang auf dem Deck (von griech. perípatos: „Wandelgang"; Aristoteles trug seine Lehren vor, während er im Wandelgang der Schule umherging.).

S. 23	**Gall, Franz J.**	Arzt (1758–1828), Begründer der Schädellehre (Phrenologie). Er schloss irrtümlich von äußeren Formeigentümlichkeiten des Schädels auf geistige Fähigkeiten und Begabungen.
	Physiognomik	Kunst, aus dem Äußeren des Körpers, besonders des Gesichts, auf die seelischen Eigenschaften eines Menschen zu schließen.
S. 24	**proponieren**	Vorschlagen, in Aussicht stellen.
S. 25	**vogelstellerisch**	Ein Vogelsteller lockt jagdbare Vögel durch den Gesang von in Käfigen gehaltenen Artgenossen an.
S. 28	**Gewogen und zu leicht befunden**	Biblisches Zitat, Daniel 5, 27. Königslegende „Belsazars Gastmahl": Teil der Deutung des Menetekels.
S. 32	**erhöhten Aplomb**	Größere Sicherheit im Auftreten.
S. 34	**impertinent**	Unverschämt.
S. 35	**doubliert**	Verdoppelt, hier: mit Rückspiel.
S. 38	**Pistyaner Großtunier**	Pistyan: Slowakischer Kurort; dort fand das genannte Großtunier statt.
	Tempi	Plural von „Tempo": zeitlicher Vorteil eines Zuges im Schach.
S. 44	**Gegenpointe**	Gegenzug
S. 49	**Causen**	Rechtsstreitigkeiten.
	Abt in Seitenstetten	Vorsteher des Benediktinerklosters Seitenstetten in Niederösterreich.
S. 51	**Dollfuß und Schuschnigg**	Österreichische Bundeskanzler. (Vgl. 1.2 Zeitgeschichtlicher Hintergrund)
S. 52	**Ordinationszimmer**	Behandlungszimmer des Arztes
S. 54	**Ressentiment**	Gefühlsmäßige Abneigung.
S. 56	**Vakuum**	Luftleerer Raum.

S. 59	**Steenookerzeel**	Eigentlich „Steenokkerzeel"; Ort in Flämisch-Brabant, einer belgischen Provinz.
S. 62	**rekapitulieren**	Wiederholen.
	rezitieren	Aufsagen.
	rekonstruieren	Wiederherstellen, nachbilden.
S. 72	**Königin**	Andere Bezeichnung für die Schachfigur „Dame" (aufgrund der räumlichen Nähe zur Figur des Königs).
S. 75	**Technik des Ripostierens**	(aus dem Fechtsport:) Unmittelbarer Gegenstoß nach einem parierten Angriff.
	konzis	Kurzgefasst, auf den Punkt hin.
S. 78	**Marasmus**	Auszehrung.
S. 79	**materielle Exterritorialisierung**	Auf die Gedanken Dr. B.'s bezogen, bedeutet dies die Chance einer Rettung vor der Bewusstseinsspaltung durch das Vorhandensein eines Schachbretts.
S. 81	**memorieren**	Ins Gedächtnis zurückrufen.
	Exercitium mentale	Geistesübung.
	Peripetie	Wendepunkt.
S. 83	**Rochade**	Dies ist der einzige Zug im Spiel, bei dem zwei Figuren gleichzeitig bewegt werden dürfen. Eine Rochade wird ausgeführt, indem der König zuerst um genau zwei Felder auf den beteiligten Turm zubewegt wird und der Turm dann über den König hinweg auf das benachbarte Feld versetzt wird.
	frenetische Wut	Rasende Wut.
S. 84	**Rösselsprung**	Hier: der im Schach vorgeschriebene Zug des Springers (= Rössel, Pferd): Er bewegt sich zwei Felder in eine Richtung und ein Feld zur Seite oder ein Feld weiter und zwei Felder zur Seite. Dabei kann er über eigene und/oder gegnerische Figuren „springen".

S. 93	**Pferd**	Andere Bezeichnung für die Schachfigur „Springer", die neben „Pferd" auch „Ross" oder „Rössel" genannt wird.
S. 95	**Paroli bieten**	Widerstand leisten.
	intrigieren	Hier: neugierig machen.
	posthum	Nachträglich.
S. 96	**Homo obscurissimus**	Äußerst geheimnisvoller Mensch.
S. 97	**Dilettant**	Hier im positivsten Sinn gebraucht: Nichtfachmann, der eine Kunst nur zum Vergnügen treibt (diletto = Ich erfreue mich.).
S. 102	**Anonymus und Ignotus**	Der Namenlose und der Unwissende.
S. 103	**Exaltiertheit**	Überspanntes, übersteigertes Benehmen.
S. 110	**disponieren**	Planen, kalkulieren, einrichten.

3.6 Stil und Sprache

ZUSAMMEN-FASSUNG

Das Kapitel zu Stil und Sprache geht ein auf
→ das von Zweig bevorzugte Strukturmittel der Rückblende,
→ die monologisch angelegte ‚dialogische' Struktur,
→ die Prinzipien der Ich-Erzählung,
→ die Erzählhandlung,
→ den sprachlich stilistischen Gegensatz der Hauptpersonen,
→ Schriftsprache und Fremdwörter als Stilisierungsprinzipien.

Mit der *Schachnovelle* schreibt Stefan Zweig seine erfolgreichste und am meisten zeitgemäße Novelle. Sie steht in sehr engem Zusammenhang zu seinem Bergexil im brasilianischen Petrópolis. Wie auch in anderen Novellen, so bedient sich Zweig hier seines äußerst beliebten Strukturmittels der Rückblende. Der Novellist Zweig konstruiert eine dialogische Situation, in der ein Erzähler einem Gesprächspartner einen schicksalhaft einschneidenden Lebensabschnitt offenbart. Die scheinbar dialogische Struktur ist im Wesentlichen monologisch angelegt. Die Darstellung des Erzählers wird nur sehr selten durch eine zustimmende Geste oder einen knappen Kommentar des Zuhörers unterbrochen.

Rückblenden als beliebtes Strukturmittel

Scheinbar dialogische Monologe

Die *Schachnovelle* zeigt Zweigs Vorliebe für Ich-Erzählsituationen. Die Ich-Erzählung ist charakterisiert durch Authentizität und Vertrauen zum Gesprächspartner. Die Erzählhandlung wendet sich dem Inneren des Protagonisten zu. Durch die persönliche Betroffenheit ist sie emotional angereichert und perspektivisch getönt.

Ich-Erzählsituation für Authentizität und Vertrauen

Perspektivisch getönte Erzählhandlung

Die Eloquenz seiner Erzähler zeigt sich in der Treffsicherheit und Überzeugungskraft des Dargestellten. Wissen und Autorität des Erzählers werden niemals in Frage gestellt. Dr. B. benutzt die Sprache leidenschaftlich und impulsiv. Ihm gelingt die Darstellung seiner psychischen Leiden durch expressiven sprachlichen Ausdruck; der Gebrauch von Superlativen und expressiven Adjektiven sticht hervor.

Die Gesprächssituation selbst erfüllt kathartische Funktionen beim Sprecher. Dabei werden sprachliche Ästhetisierung und Harmonisierung niemals aufgegeben, selbst dort nicht, wo es sich um die Darstellung der Peiniger Dr. B.'s handelt. Um über sie sprechen zu können, begegnen sie nicht persönlich, sondern werden durch ihre Handlungen charakterisiert:

> „Auf dem Tisch lag ein Stoß Papier: die Akten, von denen man nicht wußte, was sie enthielten, und dann begannen die Fragen, die echten und die falschen, die klaren und die tückischen, die Deckfragen und die Fangfragen, und während man antwortete, blätterten fremde, böse Finger in den Papieren (…)." (58/59)

Ausgewogene Syntax und erlesene Wortwahl

Stilistisch auffällig ist die ausgewogene **Syntax** mit ihren wohlkalkulierten Unterordnungen und ihrer übersichtlichen Gliederung. Elegant wechseln konjunktionale Gliedsätze mit satzwertigen Partizipien. Homogen auf den Satzbau abgestimmt ist die erlesene **Wortwahl**. Das syntaktische und verbale Niveau wird auch dort eingehalten, wo sich die Personen mit Ausnahme des Schachweltmeisters wörtlich äußern. Dominanter Maßstab der Stilisierung ist die Schriftsprache. So entsteht von vornherein der Eindruck einer Gesellschaft, die vor allem in gewählten Worten lebt. Wichtiger als Spontaneität ist die in jeder Lebenslage gültige sprachliche Disziplin als exklusives Kennzeichen der bildungsbürgerlichen Zuge-

Gezielter Einsatz von Fremdwörtern auf Seiten der Gebildeten

hörigkeit. Verstärkt wird dieser Eindruck nicht zuletzt durch den Gebrauch ausgefallener, heute zum Teil veralteter Fremdwörter wie „Marasmus" oder „präpotent". Gelegentlich bedienen sich die Personen in der gehobenen Konversation des Französischen (31), stets in der Gewissheit, dass man sich im Kreis von in die sprachlichen Rituale Eingeweihten bewegt. Mit erstaunlicher Eloquenz schildert man die äußere wie die innere Wirklichkeit. Bis ins Detail gewinnt räumliches Ambiente ebenso sprachliche Gestalt wie schwierigste Seelenvorgänge. Als Angehörige einer bestimmten Bildungsschicht flicht man gelehrte Bibelzitate – „Bileams Esel" (11) – in seine Rede und umreißt den eigenen weitgespannten Horizont mit Namen wie Dante, Rembrandt, Beethoven und anderen (19). Sprache erschafft eine stilvolle, vom Kulturkonsens der Eingeweihten getragene Welt.

Wortkargheit auf Seiten des ungebildeten Schachweltmeisters

Ihr gegenüber steht der wortkarge, sprachlich schwerfällige und ungebildete Schachweltmeister. Seine Äußerungen beschränken sich auf wenige Statements und Repliken in einer rein auf informativen Zweck abgestellten Sprache. Allein sein verbales Ausdrucksvermögen und seine Ausdruckshaltung stempeln ihn zum Underdog in der feinen, gebildeten Gesellschaft. Doch in schrillem Widerspruch zu allen Erwartungen ist er es, der am Ende den Sieg davonträgt. Er behält das letzte Wort, indem er „großmütig" (110) sein Urteil über den unterlegenen Bildungsbürger spricht und freizügig Prädikate – „Für einen Dilettanten ist dieser Herr eigentlich ungewöhnlich begabt" (110) – verteilt.

Die stilvolle Welt, die in Worten und Bildungszitaten lebt, ist dem sprachlich unbeholfenen Funktionär einer totalitären Sachlogik hoffnungslos unterlegen. Sprache und Stil erscheinen nur noch als dekorative Versatzstücke der Welt von gestern. In der Welt von heute herrschen die unerbittlichen Normen einer sich verselbstständigenden kalten Logik vor, die dabei ist, die Sprache und das Sprachwesen Mensch zu entmachten.

Die am Rande erwähnten historischen Ereignisse ermöglichen die exakte Einordnung des Geschehens. Auf diese Weise kann die erzählte Begebenheit zu einer symbolhaften Zeitspiegelung werden, in der Imbezillität und Brutalität gegen Intellektualität und Humanität stehen, eingefangen im Schachspiel zwischen Czentovic und Dr. B. Das Schachspiel wird zur Chiffre für den dramatischen Kampf, der sich in der Zeitgeschichte abspielt. Wie im Schachspiel Czentovic, so siegt in der Zeitgeschichte der ideologische Automatismus, die blindwütige Durchsetzung der Nazi-Ideologie, die alle Andersdenkenden durch physische Vernichtung ausschaltet.

Zeitliche Einordnung durch Erwähnung historischer Ereignisse

Schachspiel als Chiffre für den Kampf in der Zeitgeschichte

Paul Zech, Zeitgenosse und Freund Stefan Zweigs sagt über dessen Überzeugungskraft als literarischer Vermittler:

> „Zweig war ein virtuoser Erzähler, der mit verlockendem Spürsinn einen abwechslungsreichen, durch kräftige Kontraste gekennzeichneten Stil schrieb. Er liebte Pathos und dramatische Effekte, die das Gefühl der Leser direkt anzusprechen vermochten, sie mitrissen und fesselten. Und das ist ihm großartig gelungen. Er hat Weltruhm gewonnen, ohne sich an Form- oder Sprachexperimenten zu versuchen. Charakteristisch für Zweig ist die Bevorzugung geschichtlicher Themen, in denen die Tragik des Menschen dargestellt ist, der gegen die Übermacht des Schicksals und das Wesen der Ungerechtigkeit kämpft."[29]

29 *Stefan Zweig, Paul Zech. Briefe 1910–1942.* Hg. v. Donald G. Daviau. Fischer 1986. S. 147.

3.7 Interpretationsansätze

ZUSAMMENFASSUNG

Im Folgenden werden nachvollziehbare und plausible Deutungsansätze knapp wiedergegeben, um Anstöße für begründete eigene Zugänge zu geben. Fünf Interpretationsansätze bieten sich an:

→ Die *Schachnovelle* kann als psychologische Novelle nach Johannes Klein (1954) interpretiert werden.
→ Ihre Funktion als Denkmal eines an politischer Verfolgung gebrochenen Menschen (Hellmuth Himmel, 1963) kann in den Vordergrund gestellt werden.
→ Sie kann als Aufeinanderprall zweier monomanischer Menschen (Donald G. Daviau/Harvey J. Dunkle, 1973) gedeutet werden.
→ Eine Deutung als stellvertretende Darstellung aller unter dem Nazi-Terror Leidenden (Siegfried Unseld, 1993) bietet sich an.
→ Die Antinomie zwischen geistlosem Funktionieren und intelligenter Einfühlsamkeit (Winfried Freund, 1998) kann schwerpunktmäßig thematisiert werden.

Schachnovelle als psychologische Novelle

Psychologische Novelle, die einen Krankheitsfall ergründet

Schon 1954 hat **Johannes Klein** in seiner *Geschichte der deutschen Novelle* die *Schachnovelle* gewürdigt. Für ihn ist sie eine psychologische Novelle, die einen Krankheitsfall ergründet. Die vorliegende Krankheit ist eine Folge unmenschlicher Behandlung. Die Schuld, die aus den zeit- und weltgeschichtlichen Zusammenhängen erwächst, besteht darin, dass die Tat einen geistigen Menschen dazu führt, sich im Kampf gegen den Unmenschen zu spalten, wobei er sein eigentliches Menschsein verlieren kann. Obwohl Dr. B. der eigentliche Meister ist, er beherrscht dieses Spiel und umfasst zugleich weit größere Bereiche, unterliegt er Czentovic, der vom Schach beherrscht, ein Schachautomat ist. Er ist der eigentlich pathologische Fall, denn er ist zu ungeistig, um echten Spielgeist zu kennen. Das eigentliche Leben, die Welt des Geistes, ist ihm fremd. Die persönliche Begegnung Dr. B.'s mit diesem Ungeist bringt seine psychische Krankheit erneut zum Ausbruch.

> „Dies Unmenschliche ist die Einseitigkeit, ist die ungeheure Konzentrierung auf eine Tätigkeit, einen Gedanken. Alle Intelligenz ist auf diese Seite geworfen, und dadurch wird, bei Verlust sonstiger menschlicher Erregungen und Interessen das Tor für eine gefährliche Entwicklung geöffnet. Die übersteigerte Intelligenz der Berechnung, die Tücke von Angriff und Verteidigung braucht nur vom Spiel auf eine politische Idee übertragen zu werden, und dieser Czentovic wird zu einem der Typen, mit denen Dr. B. als der Schwächere gerungen hat. [...] Wie dort ist er auch hier, obwohl geistig weit überlegen, im Nachteil. Er müsste sich spalten, aus zwei verschiedenen Charakteren bestehen, [...] müsste also als reiner Mensch zugleich das Unmenschliche verstehen und ihm mit gleichen Mitteln antworten."[30]

Das Unterliegen Dr. B.'s deutet Klein als feines Sinnbild, weil er bereits durch dieses Spiel gegen Czentovic wieder in das Spiel gegen sich selbst, wieder in die Spaltung hineingeraten ist. Der geistige Mensch ist der Geschlagene, er gehört der Welt von gestern an, ein

---

30 Johannes Klein, *Geschichte der deutschen Novelle von Goethe bis zur Gegenwart.* Wiesbaden 1954, S. 512.

tragischer Ausgang wird dem Leser der Novelle glücklicherweise erspart.

Schachnovelle als Denkmal eines an politischer Verfolgung gebrochenen Menschen

„Denkmal des von politischer Verfolgung Gebrochenen"

Hellmuth Himmel, österreichischer Autor und Verfasser einer *Geschichte der deutschen Novelle* 1963 sieht in der *Schachnovelle* „das novellistische Denkmal des von politischer Verfolgung Gebrochenen."[31] Himmel hebt hervor, dass Schach als „ein Denken, das zu nichts führt, eine Mathematik, die nichts errechnet, eine Kunst ohne Werke, eine Architektur ohne Substanz" bezeichnet werden muss. Durch seine Substanzlosigkeit ist es dem isolierten Dr. B. zugänglich. Das Ziel, den Partner matt zu setzen ist unerreichbar, wenn man beide Farben zugleich spielt. Auf dieses Ziel aber konzentriert sich die Begabung des Weltmeisters, dem die Kraft der Imagination völlig fehlt, sodass er ans wirkliche Brett gefesselt bleibt. In der Gegnerschaft der beiden wiederholt sich die Situation zwischen dem verhörenden Beamten und Dr. B.: Während jener immer das bestimmte Ziel ansteuert, kann sich dieser nur retten, indem er kein Ziel verfolgt, sondern den Willen auf die Freiheit richtet, auch wenn er „ins Leere" zu stoßen scheint, weil der Wille zur Freiheit kein Objekt hat.

Schachnovelle als Aufeinanderprall zweier monomanischer Menschen

Aufeinanderprall zweier „psychisch defekter" Menschen

Donald G. Daviau und **Harvey J. Dunkle** dagegen sehen (1973) in den beiden Hauptfiguren Czentovic und Dr. B. und in gewisser Weise auch in McConnor Vertreter des zentralen Motivs, des Schachspiels. In Czentovic und Dr. B. begegnen sich zwei monoma-

---

31 Hellmuth Himmel, *Geschichte der deutschen Novelle*. Wien 1963. S. 469–470.

nische Menschen, beide mit einem psychischen Defekt. Czentovic ist der Defekt angeboren, er kann nichts als Schach, Dr. B. hat ihn sich aneignen müssen. Was zunächst ein Schutz vor dem geistigen Verfall zu sein schien, wird zum Anstoß für geistige Verwirrung. Der Unterschied der beiden besteht darin, dass der eine seine monomanische Fähigkeit zur Existenzsicherung einsetzen **muss**, während Dr. B. ohne Schach gut überleben kann. Beide sind auf der ersten Ebene würdige Schachgegner („worthy chess opponents").[32] Die Verfasser setzen sich im Weiteren mit der oft vorgetragenen These auseinander, es handle sich hier um den Kampf des Humanisten gegen die politische Tyrannei, Abbild für die Machenschaften im faschistischen Hitler-Deutschland. An der in der Novelle verwendeten sprachlichen Fügung „Hitlerei" machen sie fest, dass jede Interpretation zu kurz greift, die nur den spezifischen Nazi-Hintergrund berücksichtigt. Der Konflikt liegt **verallgemeinernd** im Aufeinanderprall monomanischen Machtwillens mit den ihm unterliegenden Opfern. Schach wird Czentovic und Dr. B. zum Spiel um Leben und Tod. Beide spielen, um zu gewinnen, beide werden zu Robotern, indem sie sich auf den Kampf einlassen („both become robots when involved in the game"). Die von Czentovic geäußerte „großmütige" Beurteilung des letzten, von Dr. B. aufgegebenen Spiels wird als echtes, anerkennendes Kompliment an den Gegner aufgefasst. Zweig habe in Czentovic keinen boshaften, üblen Mann („vicious or evil man") porträtiert, sondern einen, der das meiste aus seinem Talent herausholen müsse, um zu überleben, er tauge nicht als Symbol für einen Tyrannen.

Im Spiel werden die Kontrahenten zu Robotern

Joseph Strelka widmet in seiner Darstellung Stefan Zweigs der *Schachnovelle* (1981) anerkennende Worte. Er hebt den Aufbau der

---

32 Donald G. Daviau und Harvey J. Dunkle, *Stefan Zweig's Schachnovelle*. In: Monatshefte, University of Wisconsin. 1973. S. 379.

Novelle besonders hervor, durch den die Spannung von Anfang bis Ende aufrechterhalten wird. Er sieht in ihr die am höchsten entfaltete Novellenkunst Zweigs, „weil die Rahmenhandlung zu einer eigenen spannenden Novelle entwickelt“[33] wird. Die Rahmen- und die Binnengeschichte ist für ihn durch die autobiografische Figur des Erzählers zusammengebunden. Er sieht in der Aneignung des Schachspiels in der Isolationszelle eine Überlistung der raffinierten psychologischen Methoden der Gestapo durch Dr. B. In der Rahmenhandlung schlägt der gleiche Mann „den Schachweltmeister mit den präpotenten Zügen eines Miniatur-Hitlers“ im Schachspiel.

Schachnovelle als stellvertretende Darstellung der Leidenden am Nazi-Terror

Leiden Dr. B's stellvertretend für die Leiden in den Konzentrationslagern

Siegfried Unseld weist in seiner Deutung 1993 darauf hin, dass Stefan Zweig in der Darstellung der Leiden Dr. B.'s in der Gestapo-Haft stellvertretend an die Leiden von Millionen Menschen, die in den Konzentrationslagern gefoltert und ermordet wurden, erinnern wollte. In diesem Zusammenhang hebt er das Interesse Zweigs hervor, dessen Sympathie und Aufmerksamkeit den Opfern und nicht den Tätern galt. Er sieht in Zweig einen Parteigänger, nicht für eine Partei, nicht für eine Idee, sondern für den einzelnen Menschen. „Wer Partei für den Einzelnen gegen die Masse ergreift, gerät automatisch in die Zerreißprobe von Macht und Ohnmacht; überflüssig zu fragen, wer hier unterliegt.“[34]

---

33 Joseph Strelka, *Zur Schachnovelle*. In: Stefan Zweig. Freier Geist der Menschlichkeit. Wien 1981. S. 140–141.

34 Siegfried Unseld, *Das Spiel vom Schach. Stefan Zweig: Schachnovelle* 1941/42. In: Deutsche Novellen. Hrsg. v. Winfried Freund. München 1993. UTB Fink. S. 260.

Schachnovelle als Antinomie zwischen geistlosem Funktionieren und intelligenter Einfühlsamkeit

Bengt Algot Sørensen legte 1996 unter dem Titel *Stefan Zweig: Schachnovelle* eine Interpretation vor. Er stellt die Kontrastierung als Prinzip der *Schachnovelle* heraus. Die Lebens- und Bildungsgeschichten von Czentovic und Dr. B. sind ebenso gegensätzlich wie ihr Schachspiel, das Dr. B. nur ohne Brett und Partner, also „blind" zu spielen versteht, während gerade diese Fähigkeit Czentovic völlig abgeht. Der Kontrast der Gegner wird von Zweig auch sprachlich immer wieder verdeutlicht. Allerdings hebt Sørensen auch hervor, dass um dieses Kontrasts willen Zweig einen Weltmeister kreiert hat, den es in Wahrheit so nicht geben kann. Zweig selbst billigt ja im Text der Novelle den Schachmeistern ein spezifisches Genie zu: Vision, Geduld und Technik, die ebenso wirksam sind wie im Mathematiker, im Dichter, im Musiker. Zu diesem Bild steht Czentovic in krassestem Widerspruch. Wie auch die anderen Novellen Zweigs zeigt die *Schachnovelle* deshalb das psychologische Interesse, das der Autor in seinen Personen zum Ausdruck bringt. Die *Schachnovelle* spürt dem Motiv der Spielleidenschaft nach. Sie zeigt sich selbst in der Figur McConnors. In der *Schachnovelle* mündet das Spiel in monomanische Besessenheit, in Wahnsinn, der nur knapp vermieden werden kann.

Kontrastierung als Prinzip

Nachspüren der Spielleidenschaft bis hin zur Besessenheit

> „Die Spiele der *Schachnovelle* werden als Serien von emotional geladenen Momenten dargestellt, deren dramatische Effekte sich ständig steigern. Am Beispiel der Gegenspieler des Weltmeisters Czentovic, der selbst äußerlich ruhig bleibt, lässt Stefan Zweig die Erregung bis zu dem Punkt wachsen, wo atavistische Triebe jenseits der rationalen Kontrolle durchbrechen. Dies gilt

schon für das Spiel der Passagiere unter der Leitung des fanatischen McConnor.“[35]

Die Symbolik der *Schachnovelle* sieht Sørensen in der „Zerstörung des humanen Gleichgewichts zwischen rationalen und irrationalen Mächten, deren Kräftespiel immer im Mittelpunkt von Stefan Zweigs psychologischem und künstlerischem Interesse stand.“[36]

Winfried Freund führt 1998 zu Zweigs *Schachnovelle* aus:

> „In seiner wohl berühmtesten Erzählung *Schachnovelle* (1941) tritt die Erotik unter dem Eindruck des verheerenden Zweiten Weltkriegs ganz zurück. Die geschichtlichen Ereignisse drängen den bisher vornehmlich mit sich selbst und seinen Gefühlen befassten Menschen in den Hintergrund. Zentrales Ereignis der Novelle, ihre unerhörte Begebenheit, ist das Schachspiel zwischen dem dilettierenden Dr. B. und dem Schachweltmeister Mirko Czentovic während einer Schiffsreise. Alle Geschehensstränge laufen auf diese das Finale bildende Begebenheit zu. [...] Der Weltmeister erscheint als ungeheuer einseitig, begabt offenbar nur mit einer für das Schachspiel höchst geeigneten abstrakten Logik. [...]
>
> Für ihn steht das roboterartige Funktionieren, der Schematismus eines höchst differenzierten mechanischen Apparats im Vordergrund. Sonst ist Czentovic eher ignorant und primitiv, ohne Beziehungen zu Geistigem und Kulturellem, einzig darauf aus, mit seiner überaus einseitigen Begabung so viel Geld wie möglich zu machen. [...]

---

35 Bengt Algot Sørensen: *Stefan Zweig: Schachnovelle*. In: Interpretationen. Erzählungen des 20. Jahrhunderts. Stuttgart S. 258 f.

36 Ebd. S. 263.

Dr. B., Opfer der Gestapo, [...] kommt während seiner Isolationshaft durch die Gestapo durch Zufall an ein Buch mit Schachmeisterpartien. Diese immer wieder nachspielend, denkt er sich in das Spiel hinein, bis er anfängt, neue Partien zu erfinden und gegen sich selbst zu spielen. Die schizophrene Situation führt zum Verlust der Spielfreude und lässt ihn an einem Nervenfieber erkranken, so dass man ihn schließlich entlässt.

In der Partie gegen den Weltmeister will er erproben, ob er überhaupt in der Lage ist, gegen einen lebendigen Gegner anzutreten. Mit Spielwitz und Phantasie entscheidet er die Partie für sich. In der Revanche erleidet er erneut eine Nervenkrise, ausgelöst durch das ihm bewusst werdende bloß mechanische Funktionieren seines Gegners, der mit der eigengesetzlichen Logik eines Apparats jegliche Spielphantasie erstickt. [...]

Die Gewalt funktioneller Mechanik, die Schachmaschine triumphiert über die freie, sich jenseits bloßer Sachzwänge phantasievoll äußernde Intelligenz."[37]

---

37 Winfried Freund, *Novelle*. Reclam Literaturstudium. S. 271–273.

4. REZEPTIONSGESCHICHTE

ZUSAMMEN-FASSUNG

Die Rezeptionsgeschichte zeichnet die Aufnahme der *Schachnovelle* 1942–1944 nach. Hingewiesen wird insbesondere darauf, dass die *Schachnovelle* in manchen literaturwissenschaftlichen Übersichten nicht den Platz findet, der ihr zusteht. Ausführlich und kritisch wird die Verfilmung von Gerd Oswald 1960 beurteilt, nach dem Drehbuch von Herbert Reinecker.

Die *Schachnovelle* erschien auf Deutsch zuerst im Dezember 1942 in Buenos Aires bei Kramer-Pigmalión als „Liebhaberdruck" in einer limitierten Auflage von nur 300 Exemplaren, 1943 dann in Stockholm bei Bermann-Fischer und 1944 in der Übersetzung von Ben Hübsch in New York.

1960 wurde sie mit Curd Jürgens in der Hauptrolle verfilmt, und seit der Taschenbuchausgabe 1974 hat sich die in über 40 Sprachen übersetzte Novelle in den siebziger und achtziger Jahren auf dem deutschen Buchmarkt zu einem Bestseller entwickelt. Mittlerweile wurden weit über 1.200.000 Exemplare verkauft.[38]

Über 1.200.000 verkaufte Exemplare

Bei der Auswertung der literaturgeschichtlichen Erwähnungen der *Schachnovelle* kann man erstaunliche Entdeckungen machen. In den *Daten deutscher Dichtung* von Albert und Elisabeth Frenzel wird die Novelle zwar erwähnt, die Textkenntnis ist aber so ungenau, dass nur die unzutreffende Bemerkung, sie stelle den „erregenden Augenblick aus der überstandenen Haftzeit in einem **Konzentra-**

38 http://de.wikipedia.org/wiki/Schachnovelle (Stand Juli 2012)

tionslager"[39] dar, der Charakterisierung des Textes dient. Im von Walther Killy herausgegebenen Literaturlexikon behauptet Alfred Pfoser, ebenfalls ohne genaue Textkenntnis, dass im Mittelpunkt ein dem Gestapo-Terror entronnener **Arzt** stehe.[40]

Viktor Zmegac erwähnt die *Schachnovelle* ausschließlich im Zusammenhang der Zweigschen Thematik des Niedergangs der europäischen Kulturwelt.[41]

Zunehmende Erkenntnis der Bedeutung der Novelle in der jüngeren Gegenwart

Die Erkenntnis der Bedeutung des Textes nimmt jedoch in der Gegenwart zu. So widmet Hans Gerd Rötzer Zweig ebenso wie der *Schachnovelle* bedeutende Aufmerksamkeit und weist ihr „repräsentativen Charakter" in der individuellen Konfrontation mit dem Nationalsozialismus zu.[42] Ausführliche Darstellung findet Zweigs *Schachnovelle* in *Kindlers Literatur Lexikon*[43] ebenso wie in *Reclams Romanlexikon*[44] und im Rahmen der Literatur zwischen den Weltkriegen unter dem Aspekt der Ohnmacht der Opfer im *Schnellkurs Deutsche Literatur* von Winfried Freund.[45]

Verfilmung 1960: Zahlreiche Abweichungen von der Buchvorlage

1960 verfilmt der Regisseur Gerd Oswald die *Schachnovelle*. Das Drehbuch richtete Herbert Reinecker ein, der mit den Drehbüchern zu *Derrick* und *Der Kommissar* ein bekannter Autor für verbreitete Fernsehserien geworden ist. Die Hauptrollen werden gespielt von Curd Jürgens, Mario Adorf und Claire Bloom. Hans-Jörg Felmy agiert als Gestapo-Offizier.

Während es das Markenzeichen der *Schachnovelle* Zweigs ist, ohne Frauen und Erotikbeziehungen auszukommen, um den Kon-

---

39 Herbert A. und Elisabeth Frenzel, *Daten deutscher Dichtung*. Bd. 2. 31. Aufl. München 1998. S. 620.

40 Alfred Pfoser, *Zweig, Stefan*. In: Walther Killy (Hg.) Literaturlexikon. Bertelsmann Lexikon Verlag Bd. 12. München 1992. S. 537.

41 Viktor Zmegac (Hg.), *Geschichte der deutschen Literatur vom 18. Jahrhundert bis zur Gegenwart* Bd. III. 1918–1980. Königstein /Ts. 1984. S. 244.

42 Hans Gerd Rötzer, *Geschichte der deutschen Literatur*. C. C. Buchners Verlag. Bamberg 1992. S. 352–353.

43 *Kindlers Literatur Lexikon*, dtv München 1974. S. 8477.

44 Christine Schmidjell, S. 343–344.

45 Winfried Freund, *Deutsche Literatur. Schnellkurs*. Dumont Köln 2000. S. 173.

flikt zwischen den beiden Hauptfiguren ins Zentrum zu rücken, führt Reinecker mit der Tänzerin Adriani eine Frau ein, die in ein Dreiecksverhältnis zwischen Dr. B. (Basil) und dem Gestapo-Agenten Berger gestellt wird. Das Geschehen, das die Novelle rückblendend erzählt, rückt in den Mittelpunkt der Filmhandlung. Der oberflächliche Konflikt der Tänzerin, sich entweder für den Quäler von Dr. Basil, Berger, oder für ihn selbst und für die Loyalität gegenüber Österreich zu entscheiden, wird zentrales Motiv, der geistige Überlebenskampf Dr. Basils im Schachfieber der Isolationszelle stellt einen anderen, deutlich vergröberten Handlungsstrang dar, weil der innere, psychische Kampf für den Zuschauer nachvollziehbar nach außen transponiert werden muss. Die mit einem scharfen Schnitt nach Ablegen des Schiffes in Richtung Venedig eingeleitete Schachspielhandlung, zunächst zwischen den Schachspielern unter den Passagieren, gerät zu einem dramatischen Zwischenfall, bei dem für Dr. Basil der Schachweltmeister Czentovic mit seinem Gestapogegner verschwimmt. Bevor es zu einem verzweifelt tätlichen Angriff Dr. Basils auf den unschuldigen und verständnislosen Czentovic kommt, taucht für den Zuschauer überraschend Frau Adriani auf dem Schiffsdeck auf. Als Zeugin beim letzten Verhör von Dr. Basil, kann sie ihn von allen selbstquälerischen Fragen nach dem, was er verraten haben könnte, befreien. Er hat nichts verraten, sein Widersacher Berger wurde wegen seiner Erfolglosigkeit gegenüber Dr. Basil fristlos aus dem Amt entfernt. Der Gestapo-Agent ist glücklicherweise der totale Verlierer. Die Liebe der beiden kann sich ungehindert erfüllen.

Die durch den Zwischenfall unterbrochene Schachpartie mit dem Weltmeister wird mit der Matt-Ankündigung Dr. Basils beendet. Czentovic bestätigt das Matt allerdings nicht. Das Ergebnis bleibt auch für den Zuschauer offen.

Das Schachspiel in der Isolationshaft findet im Film (BRD 1960) auf einer karierten Tischdecke statt (Schauspieler: Curd Jürgens), © Cinetext Bildarchiv

Es ist sicher nicht übertrieben geurteilt, wenn man die Aussage des Films mit der der *Schachnovelle* nur insofern vergleichen kann, als in beiden Fällen die Grausamkeit des Nazi-Regimes herausgestellt wird. Die im Film verwendete Handlung vergröbert die sensible und straff zugespitzte Handlungsführung Zweigs auf unannehmbare Weise. Aus dem Kampf des human denkenden, geistigen Menschen gegen den Ungeist des kalkulierenden Automatismus ist eine Liebesgeschichte geworden, in der die Entscheidung für den guten und gegen den bösen Mann gefallen ist.

5. MATERIALIEN

In seinem Buch über die Novelle[46] führt Winfried Freund mit Blick auf den Perspektivismus aus:

In der Novelle fügen sich Glück und Unglück ohne Einflussnahme des Einzelnen

„In der Novelle ist ein Rückzug aus der enttäuschenden Wirklichkeit in eine Enklave der Selbstbewahrung und eigenbestimmten Handelns ausgeschlossen. Sie zeigt den Menschen integriert in Zeit und Raum, in Gesellschaft und Geschichte und gebunden an die eigenen elementaren existenziellen Bedingungen. Liebe ist wie der Tod existenzielles Schicksal. Glück und Unglück fügen sich, ohne dass der einzelne unmittelbaren Einfluss zu nehmen vermag. Die Novelle ist mit den positiven wie mit den negativen Zufälligkeiten des Daseins befasst, mit den glücklichen Wendungen im Leben des Menschen wie mit seiner Hinfälligkeit.

Überzeitlichkeit, Unvergänglichkeit, jede Form von Transzendenz ist der Novelle im Grunde fremd. Ihr großes Thema ist der dem Hier und Jetzt zwischen Gelingen und Scheitern ausgesetzte Mensch. Es gibt keine Auswege aus dem konkret bestimmten Dasein, keine Sonderrechte für den einzelnen und kein individuelles Heldentum. Die Novelle zeigt den Menschen eingebunden in ein unwandelbares Dasein, das sich ihm in seinen Erfahrungen und Erlebnissen erschließt, über das er aber niemals verfügen und das er noch weniger verändern kann. [...] Dort, wo der einzelne handelt, holen ihn die Konsequenzen seines Handelns ein. [...] Die Novelle macht das scheinbar schicksalhaft Bestimmende durchschaubar als etwas durch den Menschen und durch menschliche Macht Verursachtes, sie weigert sich aber in der Regel, Änderungen zum Besseren darzustellen."

---

46 Winfried Freund (1988), S. 58–59.

Hartmut Müller, der Verfasser der jüngsten Zweig-Biografie, führt über die Novellentechnik Stefan Zweigs aus:

„Im Mittelpunkt der Zweig'schen Novellen steht die ‚sich ereignete unerhörte Begebenheit' (Goethe), die dem Geschehen eine unvermutete Wendung gibt und die alltäglichen Vorgänge in ein fremdes Licht taucht. Dadurch werden die vertrauten Zusammenhänge plötzlich in eine neue, aufschlussreiche Perspektive gerückt. Das bisher Verborgene offenbart sich, die psychologische Neugierde wird befriedigt. Die Technik der unvollständigen und daher ergänzungsbedürftigen Information treibt die Handlung voran und schafft dramatische Spannung, die der Gattung Novelle entspricht. [...] in den späteren (Novellen) begegnen häufig Rückblenden in Form der Beichte. Der fiktive Erzähler trifft einen interessanten Menschen, der Vertrauen zu ihm fasst und ihm in der authentisch wirkenden Ich-Form seine Lebensgeschichte erzählt. Die meistens einsträngige Handlung ist also in das Innere des Protagonisten verlegt durch subjektive Wiedergabe emotional angereichert und perspektivisch getönt. Die Novellen insgesamt haben wenig autographischen Bezug zu ihrem Verfasser. Allerdings teilen fast alle Figuren Zweigs Lebensneugier und bemühen sich angestrengt um die Lösung eines psychologischen Rätsels."[47]

Neue Perspektive des Vertrauten durch die unerhörte Begebenheit

In seiner Autobiografie *Die Welt von Gestern* beschreibt Stefan Zweig seine Arbeitsweise als Schriftsteller, aus der er sich die Wirkung seiner Bücher erklärt:

„[...] kaum daß die erste ungefähre Fassung ins Reine geschrieben ist, beginnt für mich die eigentliche Arbeit, die des Kondensierens

---

47 Müller, S. 77/78.

und Komponierens, eine Arbeit, an der ich mir von Version zu Version nicht genug tun kann. Es ist ein unablässiges Ballast-über-Bord-werfen, ein ständiges Verdichten und Klären der inneren Architektur; während die meisten andern sich nicht entschließen können, etwas zu verschweigen, was sie wissen, und mit einer gewissen Verliebtheit in jede gelungene Zeile sich weiter und tiefer zeigen wollen, als sie eigentlich sind, ist es mein Ehrgeiz, immer mehr zu wissen, als nach außen hin sichtbar wird.

„Innerhalb meiner Arbeit ist mir die des Weglassens eigentlich die vergnüglichste."

Dieser Prozeß [...] wiederholt sich dann noch einmal, zweimal, dreimal bei den gedruckten Fahnen; es wird schließlich eine Art lustvoller Jagd, noch einen Satz oder auch nur ein Wort zu finden, dessen Fehlen die Präzision nicht vermindern und gleichzeitig das Tempo steigern könnte. Innerhalb meiner Arbeit ist mir die des Weglassens eigentlich die vergnüglichste. [...] Wenn also manchmal an meinen Büchern das mitreißende Tempo gerühmt wird, so entstammt diese Eigenschaft keineswegs einer natürlichen Hitze oder innerer Erregtheit, sondern einzig jener systematischen Methode ständiger Ausschaltung aller überflüssigen Pausen und Nebengeräusche, und wenn ich mir irgendeiner Art Kunst bewußt bin, so ist es die Kunst des Verzichtenkönnens."[48]

In der *Welt von Gestern* nimmt Zweig auch Stellung zum Schicksal der Juden, das er auf seine Art teilte (Bücherverbrennung, Exil):

„Ich mußte ihm (Freud) recht geben, daß jeder Jude jetzt siebenmal empfindlicher geworden war, denn inmitten dieser Welttragödie waren sie die eigentlichen Opfer, überall die Opfer, weil verstört schon vor dem Schlag, überall wissend, daß alles Schlimme sie zuerst und siebenfach betraf, und daß der haßwütigste Mensch (Hitler)

---

48 WVG. S. 293.

aller Zeiten gerade sie erniedrigen und jagen wollte bis an den letzten Rand der Erde und unter die Erde. Woche für Woche, Monat für Monat kamen immer mehr Flüchtlinge, und immer waren sie noch ärmer und verstörter von Woche zu Woche als die vor ihnen gekommenen. Die ersten, die am raschesten Deutschland und Österreich verlassen, hatten noch ihre Kleider, ihre Koffer, ihren Hausrat retten können und manche sogar etwas Geld. Aber je länger einer auf Deutschland vertraut hatte, je schwerer er sich von der geliebten Heimat losgerissen, um so härter war er gezüchtigt worden."[49]

Klaus Mann, Schriftsteller, Sohn von Thomas Mann, der im amerikanischen Exil lebte, berichtet von einer zufälligen Begegnung mit Stefan Zweig in New York:

„Er kam mir auf der Fifth Avenue entgegen, ohne mich übrigens gleich zu bemerken. Er war in Gedanken, wie man wohl sagt; es dürften keine sehr vergnügten Gedanken gewesen sein. Die Sonne schien, der Himmel lächelte; nicht aber ‚good old Stez', der eher düster wirkte. Da er sich unbeobachtet glaubte, gestattete er seinem Blick, starr und gramvoll zu werden. Keine Spur mehr von der heiteren Miene, die man sonst an ihm kannte. Übrigens war er diesen Morgen unrasiert, wodurch sein Gesicht erst recht verfremdet und verwildert schien. Ich sah ihn an, das Stoppelkinn, die blicklos finsteren Augen, und dachte mir: Nanu! Was ist los mit ihm? Dann ging ich auf ihn zu: ‚Wohin des Weges? Und warum so eilig?' Er fuhr zusammen wie ein Schlafwandler, der seinen Namen hört. Eine Sekunde später hatte er sich gefaßt und konnte wieder lächeln, plaudern, scherzen, verbindlich, angeregt wie eh und je: der weltmännisch gesittete und elegante, etwas zu glatte, etwas

———

49 Ebd. S. 385.

zu liebenswürdige Literat mit wienerisch nasaler Stimme und von unzweifelhaft ‚eminent pazifistischer Gesinnung'.

Aber das wildfremde Bartgesicht, das er mir erst gezeigt, hätte mir doch zu denken geben sollen. Ich dachte: Nanu? Und er war ein Verzweifelter ..." [50]

---

50 Klaus Mann, *Der Wendepunkt*. Ein Lebensbericht. Reinbek 1984. S. 434.

6. PRÜFUNGSAUFGABEN MIT MUSTERLÖSUNGEN

Unter www.königserläuterungen.de/download finden Sie im Internet zwei weitere Aufgaben mit Musterlösungen.

Die Zahl der Sternchen bezeichnet das Anforderungsniveau der jeweiligen Aufgabe.

Aufgabe 1 ***

Mechanische Präsenz und Kreativität – das Schachspiel als Leitsymbol
Stellen Sie den Gegensatz der Schachspieler in seiner Bedeutsamkeit für die Aussage der Novelle dar.

Das Schachspiel steht im Zentrum der Novelle. Als spannendes Ereignis beherrscht es die Gedanken und das Handeln der auftretenden Personen und bestimmt den Verlauf der Erzählung. Entwicklung und Entfaltung der Hauptfiguren sind dominant gebunden an das Spiel. In ihm spiegeln sich die Positionen der Spieler, ihre Probleme und Schicksale.

DARSTELLUNG

Bereits zu Anfang der Reise von New York nach Buenos Aires richten sich die Kameras der Journalisten auf den berühmten Schachweltmeister Mirko Czentovic an Bord des Schiffes. Er ist Anlass zu einer Rückblende in die Biografie des Schachgenies. Der Ich-Erzähler erinnert sich an dessen kometenhaften Aufstieg und sein Freund weiß diese Erinnerungen mit dessen Lebensgeschichte zu illustrieren. Czentovic, aus armen Verhältnissen stammend, tut sich nicht mit großer Intelligenz hervor. Mehr zufällig kommt er zum Schachspiel, als sein Ziehvater eine Partie unvollendet lässt, weil er weggerufen wird. Er gewinnt. Auch die folgenden Spiele gegen immer stärkere Gegner lassen ihn schnell als Sieger hervorgehen. Im Grunde schwerfällig und an nichts anderem interessiert, entwickelt er sich so in seinem engen Lebenskreis zum überlegenen Spieler. Hervorstechendes Merkmal seiner Spielweise ist eine ungeheure mechanische Präzision, der er sich verschreibt und seine Partien als eine Art Schachautomat absolviert. Hinter dem Spiel verschwindet er selbst als Person und wird zum Funktionär abstrakter Regeln. Sich der selbstgenügsamen Automatik des Spiels unterwerfend, verdrängt er jegliches persönliches Eigenleben. Eine Vorstellung des Spiels außerhalb des konkreten Zugriffs auf das Schachbrett und die Figuren ist für ihn ebenso undenkbar wie ein spielerisch-strategischer Umgang mit den Regeln. Czentovic handelt im Grunde wie eine Maschine, die ihre Arbeitsleistung erfüllt, ohne individuelle Akzente zu setzen. Sein Gegenspieler ist als Person für ihn bedeutungslos, es gilt allein, ihn durch die mechanische Anwendung der Regeln aus dem Feld zu schlagen. Er ist nicht unähnlich dem Apparatschick, der ungeachtet der beteiligten Menschen, die von angeblich höherer Stelle ergangenen Anordnungen und Weisungen, hier im Namen des Regelwerks, durchzusetzen versucht. Die Regel triumphiert über den Menschen, die Abstraktion über das Konkrete. Auf der Strecke bleibt das Individuelle im Zugriff des Kollektiven.

Der Schachmaschine Czentovic gegenüber steht Dr. B., ein sensibler, kreativer Mensch, der am eigenen Leib die Praktiken nationalsozialistischer Macht erfahren hat. Er selbst ist es, der seine Lebensgeschichte dem Ich-Erzähler vorträgt und sich dabei als Gegenspieler des Weltmeisters profiliert, gegen den er auf dem Schachbrett antreten wird.

In der Isolationshaft eines Hotelzimmers, in der die Gestapo Geheimnisse aus ihm herauszupressen sucht, erleidet er eine Behandlung, die auffällige Ähnlichkeiten mit der Spielauffassung von Czentovic hat. Als Mensch gilt er nichts, wichtig ist allein seine Bedeutung als Informationsträger. Wo die Mechanik der Spielstrategien geschichtliche Wirklichkeit wird, ereignen sich menschliche Krisen und Katastrophen. Kalkulierend und menschenverachtend suchen die Inquisitoren der Gestapo an die geheimen Informationen Dr. B.'s heranzukommen. Schon fast zermürbt, stößt er auf ein Schachlehrbuch, dessen Partien er im Kopf nachspielt und dabei eindringt in die differenzierten Regeln des Schachspiels. Aber gerade die Wiederholung des Immergleichen ermüdet ihn schließlich, sodass er beginnt, eigene Partien zu entwerfen und in schizophrener Aufspaltung die Rollen von Weiß und Schwarz zu übernehmen. Doch die persönliche Belastung erweist sich als untragbar und er erleidet eine „Schachvergiftung" (85/86), wie er seinen persönlichen Zusammenbruch in Gestalt eines Nervenfiebers selbst nennt.

Auffällig aber ist bis zu seinem persönlichen Zusammenbruch der souveräne Umgang mit den Regeln, die fern von allem Selbstzweck ihn als Person davor retten, Opfer einer tödlichen Mechanik zu werden. Das Spiel gegen sich selbst entfaltet seine Kreativität bis zum Äußersten. In Czentovic und Dr. B. stehen sich Schachautomat und das spielende Individuum gegenüber, das Mensch ist, solange es spielt. Entscheidend ist nicht die Unterwerfung unter die Funktion, sondern der humane Abdruck, der Einzelne, der sich dem Druck des Kollektiven entzieht, indem er souverän und spielerisch umgeht mit den abstrakten Regeln. Dr. B. ist der homo ludens, für den das Spiel Quelle seiner Kultur und seiner Individualität ist. Der Mensch ist nicht da für die Norm, sondern die Norm für den Menschen.

Im Finale unterliegt der kreative Mensch der Schachmaschine, ein düsteres Licht werfend auf die allgemeine geschichtliche Entwicklung, die den Menschen und das Menschliche zentral bedroht.

Das Duell zwischen mechanischer Präzision und Kreativität bildet leitsymbolisch die Opposition des bloß Mechanischen und vitaler Menschlichkeit ab. Im Schachspiel vorweggenommen ist der geschichtliche Ernstfall der Unvereinbarkeit des autoritären nationalsozialistischen Massenstaats mit den nach Selbstverwirklichung strebenden Menschen.

Aufgabe 2 **

Spieler und Gegenspieler – die ‚Schachnovelle' als Konfliktmodell

Stellen Sie die Unterschiede der Hauptgegner im Schachspiel dar.

„*... die heutige Novelle ist die Schwester des Dramas und die strengste Form der Prosadichtung. Gleich dem Drama behandelt sie die tiefsten Probleme des Menschenlebens; gleich diesem verlangt sie zu ihrer Vollendung einen im Mittelpunkt stehenden Konflikt von welchem aus das Ganze sich organisiert* (...)." (Storm: Sämtliche Werke Bd. 4. Hrsg. von P. Goldammer. Berlin u. a. 1978. S. 618 f.)

Nach Storms Auffassung der Gattung teilt die Novelle mit dem Drama die strenge Orientierung an einem Konfliktgeschehen. Dieses erst setzt den Erzählverlauf in Gang, indem es die auftretenden Personen einbindet in eine Handlung, die den Einzelnen bestimmt, ohne dass sich eine persönliche Entwicklung abzeichnet. Entscheidend ist die Konflikthandlung. In ihrer Verwirklichung besteht die eigentliche Funktion der Hauptfiguren, die sich ausschließlich profilieren als Träger des dramatischen Geschehens.

DARSTELLUNG

Wie im Drama stehen sich in Zweigs Novelle Spieler und Gegenspieler gegenüber. Aus ihren unterschiedlichen Verhaltensweisen entwickelt sich eine dialektische Spannung: der eigentlich im

Mittelpunkt stehende, den gesamten Erzählverlauf organisierende Konflikt. Zunächst macht der Erzähler aufmerksam auf den Schachweltmeister Czentovic, den beherrschenden Protagonisten, der das Schachspiel als zentrales Ereignis in die Novelle einführt und es zum eigentlichen Handlungsziel macht, auf das sich die anderen Personen ausrichten. Seine Überlegenheit scheint unanfechtbar. Chancenlos sind alle, die gegen ihn antreten. Das Spiel des Weltmeisters ist bestimmt von Diktat und Regeln. Ihre konsequente Anwendung setzt sich über alle persönlichen Anstrengungen hinweg. Die automatische Anwendung festgeschriebener Strategien erweist sich den Versuchen einer mehr individuellen Spielgestaltung als überlegen. Dem Triumph des Spielers scheinen keine Grenzen gesetzt.

Das eigentliche Konfliktgeschehen nimmt seinen Anfang mit dem Auftritt Dr. B.'s, des Gegenspielers. In erklärter Opposition zur maschinellen Ausübung des Schachspiels vertritt er eine betont kreative Spielgestaltung. Nicht regelhafte Funktionserfüllung steht für ihn im Vordergrund, sondern die spielerische Selbstverwirklichung des Menschen. Maschinelle Präzision und produktive Humanität bilden den zentralen Konflikt.

Der Ich-Erzähler stellt beide Kontrahenten vor, den einen im einleitenden Gespräch unter den Blitzlichtern der Fotografen, den anderen in der persönlichen Begegnung, in der er Dr. B. die Möglichkeit einräumt, sich in der Erinnerung selbst vorzustellen. Verräterisch ist die Reihenfolge: Der Schachautomat Czentovic kommt als erster an die Reihe, in der Pose des Siegers. Er steht für eine geschichtliche Entwicklung, die sich mit ihrer konsequenten Funktionalisierung über die humane Kultur der Vergangenheit längst hinweggesetzt hat. Eine Zeit ist angebrochen, in der nicht länger der Mensch bestimmt, sondern bestimmt wird durch außerhalb von ihm gültige Bedingungen. Czentovic ist der Vertreter dieser neuen menschlich verarmten Zeit, der Protagonist der Moderne, während

Dr. B. als Antagonist dagegen noch einmal den Anspruch einer reich instrumentierten Humanität repräsentiert.

Spieler und Gegenspieler, die Gegenwart, in der der Mensch sein Gesicht mehr und mehr zu verlieren droht, treiben unweigerlich auf eine grundsätzliche Auseinandersetzung zu, auf ein unausweichliches Duell zwischen dem funktionalen Bestimmtsein des Menschen und seiner eigentlichen humanen Bestimmung.

Die Novelle spitzt sich zu zum Kampfspiel, ausgetragen auf dem Schachbrett als Spiegel einer geschichtlichen Wirklichkeit, in der sich der ausgetragene Konflikt mehr und mehr zu etablieren droht. Gerade das Spiel ermöglicht eine Distanz von dem, was der Fall ist, und macht es klar erkennbar. Dazu passt nicht zuletzt die Schifffahrt, die sich absetzt von den Verhältnissen auf dem Festland, nicht aber um eine Flucht anzutreten, sondern vielmehr um diese Abstand nehmend umso schärfer ins Auge nehmen zu können. Das Schiff wird zur Bühne, auf der der geschichtsträchtige Konflikt ausgetragen wird.

Im abschließenden Duell erreicht die novellistische Konfliktdarstellung ihren Höhepunkt. Nach dem Sieg Dr. B.'s über Czentovic in der ersten Partie zeichnet sich in der zweiten bei zunehmender Verwirrung Dr. B.'s seine endgültige Niederlage ab. Am Schluss stehen das Scheitern menschlicher Kultiviertheit und der Triumph seelenloser Präzision. Der Mensch als bloß noch funktionierender Apparat beherrscht die Szene und lässt die Katastrophe ahnen, die über den Menschen der Gegenwart hereinbricht. Im Finale unterliegt der Mensch einer sich ausbreitenden Unkultur, in der das Kollektiv über das Individuum den Sieg davonträgt. Ohnmächtig zieht sich der Gegenspieler aus einer versunkenen Zeit anspruchsvoller Humanität zurück und überlässt dem Protagonisten autoritärer Unkultur das Feld.

Aufgabe 3 **

Die Krise des Menschen
Beschreiben Sie die existenzielle Not des Autors im Spiegel der Novelle.

Fast die Hälfte der Novelle nehmen die Erinnerungen des Österreichers Dr. B. ein, ein in sich selbstständiger Erzählteil, verbunden mit dem Leitsymbol des Schachspiels als der novellistischen Haupthandlung. Die ungewöhnlich breite Selbstdarstellung einer der tragenden Figuren, des eigentlichen Gegenspielers des Schachweltmeisters, weist zurück auf den Autor Stefan Zweig.

BESCHREIBUNG

Dieser ist wie seine Figur Österreicher und betroffen von nationalsozialistischer Verfolgung. Mit Dr. B. teilt der Autor außerdem einen hohen Grad geistiger Sensibilität und kulturellen Bewusstseins. Auf der Flucht vor den Nationalsozialisten wählte er 1938 seinen zweiten Wohnsitz in England, wohin er drei Jahre später emigrierte. Nach einem kurzen Aufenthalt in New York ließ er sich im August 1941 in Petrópolis in der Nähe von Rio de Janeiro/Brasilien nieder, wo er aus Schwermut über den geistigen Niedergang Europas, der Welt von Gestern, mit seiner zweiten Frau am 22. Februar 1942 freiwillig aus dem Leben schied.

Ohne seine kulturelle Umgebung, seine Muttersprache, deutsche Literatur, seine kostbaren Sammlungen und Bücher, die Zeugnisse einer geistigen Vergangenheit von hohem Rang, vermochte er nicht zu existieren. Das bloße Überleben bedeutete ihm nichts angesichts des Verlusts seiner geistigen, mit dem alten Europa untrennbar verbundenen Identität.

In Dr. B. porträtiert Zweig seine eigene existenzielle Not und den Menschen unter dem Druck des menschenverachtenden Faschismus in der Krise. Hiermit lässt sich der auffällige Umfang der

Lebenserinnerungen einer der Hauptfiguren erklären, Zeitbild einer unverwindbaren Enttäuschung.

Für die Dauer der Erinnerungswiedergabe in der Ich-Form ist die novellistische Handlung ausgeblendet und der Blick wendet sich zurück in die Zeit des Nazi-Terrors, der sich auch Österreichs schließlich bemächtigte.

Dr. B. steht auf der Seite des alten Regimes und der Tradition. Als Anwalt und Rechtsberater setzt er sich ein für die Vermögenswerte der Klöster und der kaiserlichen Familie. Heimlich verwaltet er die Fonds und Papiere, immer darauf bedacht, sie vor den Raubzügen der Nazis zu schützen. Gezielte Spionage aber führt zu seiner Festnahme und zu seiner Isolationshaft in einem Hotelzimmer, wo man seine Geheimnisse in quälenden Verhören aus ihm herauspressen will.

In einer auf das Nötigste beschränkten Umgebung findet er sich wieder, ohne den geringsten Kontakt zu einem anderen Menschen, ohne Zeitungen, Bücher, selbst ohne seine Uhr, sodass er sich nicht länger zu orientieren vermag. Der Blick nach außen ist ihm durch eine Mauer versperrt und macht es ihm unmöglich zu sagen, in welcher Tages- oder Jahreszeit er lebt. Ein raum- und zeitloses, bedrückendes Dasein, ein radikal gesteigertes Abbild des Menschen in der Krise, im Würgegriff faschistischer Erpressung.

Im Bewusstsein unüberbietbarer geistiger Reduktion, des gänzlichen Verlusts einer geistig reich instrumentierten Lebenswelt, droht ihm der Kollaps. Die Situation Dr. B.'s macht in erschreckender Weise deutlich, was der Faschismus und seine Vertreter aus dem Menschen machen, und dass diese ihn letztlich zerstören können. Ohne menschliche Ansprache und intellektuelle Anregung ist der Einzelne nur noch ein Torso seiner vorherigen Existenz, Opfer einer Geschichtssituation, in der das Individuum nichts mehr gilt. Dr. B.

sieht sich konfrontiert mit dem absoluten Nichts, dem absoluten Fehlen aller Lebensmöglichkeiten.

Anschaulicher und schockierender ist die Situation des seiner Menschlichkeit beraubten Menschen kaum abzubilden. Dr. B. ist das Porträt des sich selbst Entfremdeten, der offenbar selbst seinen Namen verloren hat, eine Name, der mit Schubert und dem alten Kaiser verbunden ist. Geblieben ist nur noch das Initial.

In Dr. B. gibt Zweig Rechenschaft über sich selbst, ein distanzierender Spiegel der eigenen existenziellen Not. Zurückgeblieben ist das amputierte Individuum in einer kärglich verarmten Umwelt, ein Fragment einstiger geistiger Vielfalt und Fülle. Schmerzlich ist die Erkenntnis, dass das, was den Einzelnen erfüllte und profilierte nicht von ihm selbst abhängt, sondern von den geschichtlichen Umständen, die ihn bestimmen und prägen. Zweig weiß, dass die „*Welt von Gestern*", wie er sie in seinen 1944 postum erschienenen Erinnerungen eines Europäers nennt, unwiederbringlich verloren ist. Bezeichnenderweise wählt er diesen Untertitel, Hinweis auf den endgültigen Verlust. Der Gegenwart haben sich längst andere Kräfte bemächtigt, Kräfte die eine geistige Selbstverwirklichung bedrohen und im Grunde unmöglich machen.

Dr. B., wie er sich in der Gegenwart bewegt, ist in letzter Konsequenz hoffnungslos unterlegen. Zwar scheint sich nach dem Sieg in der ersten Partie Hoffnung aufzutun, aber schon das zweite Spiel erweist alle Hoffnung als trügerisch. Dr. B. verlässt die Szene bescheiden und geheimnisvoll, ohne dass ein Ziel genannt wird.

Für seinen Autor Stefan Zweig aber ist das Ziel der Freitod, nachdem alle Möglichkeiten einer geistigen Selbstverwirklichung verloren sind und sich der Einzelne mit Blick auf die erfüllend vergangene Welt, die nicht wiederkehrt, dem absoluten Nichts gegenübersieht.

Aufgabe 4 *

Das Handlungsprofil der Novelle
Erstellen Sie, der Handlung der Novelle folgend, ihr Handlungsprofil. Gehen Sie dabei auch auf die Aussage der Novelle ein.

Am Anfang der Novelle steht der Aufbruch zur Schiffsreise von New York nach Buenos Aires. Der Handlungsraum ist von vornherein auf das Schiff beschränkt. Während der gesamten Erzähldauer ändern sich die räumlichen Verhältnisse nicht, zumal die Ankunft ausgespart bleibt. Noch am Ende der Handlung setzt sich die Schiffsreise fort. Die im Grunde eingeengten Bewegungsmöglichkeiten gelten für alle Passagiere. Das Schiff wird zur Bühne, auf der die zu Wort kommenden Passagiere ihre Situation reflektieren.

Anknüpfungspunkt für die Reflektionen ist das Schachspiel, das an die Stelle des eigentlichen Handelns tritt. Das Spiel verdrängt die Wirklichkeit, spiegelt sie aber symbolisch wider. Abgebildet wird der eingeschränkte Zustand der Menschen in eingeschränkter Zeit. Anfang der 40er Jahre, in der Zeit, in der die Novelle entstand, war der Kampf gegen den Faschismus in Europa noch nicht ausgestanden, noch verbreiteten die Armeen Hitlers Angst und Schrecken und ließen freie Bewegung nicht zu. Das Spiel auf dem Schachbrett muss das konkrete Handeln ersetzen. Nur im Symbol ist die eingeengte Situation darzustellen.

HANDUNGS-PROFIL

Während der gesamten Erzähldauer gibt sich die novellistische als symbolische Handlung zu erkennen. Wenn sich in der mechanischen Spielautomatik von Czentovic die menschenverachtende Macht des Faschismus ausdrückt, so stellen die Spielstrategien Dr. B.'s den Versuch dar, gegen die Autorität sich verselbstständigender Normen die Phantasie zu setzen, gegen die bloße Reaktion die kreative Aktion. Doch alle Versuche müssen in einer Zeit der Unterdrückung scheitern. Ein wirklich freies Handeln ist ausgeschlossen. Zurückgeworfen auf das Spiel ist es dem Einzelnen nur möglich, seine verzweifelte Lage abzubilden, eine grundsätzliche Änderung seiner Lage ist ihm verwehrt. In der Handlungskonzeption spiegelt sich novellistisches Handeln beispielhaft wider. Anders als die Romanhelden verfügen die handelnden Personen in der Novelle über keine subjektive Initiative. Der Anstoß zu verändernden Handlungen geht nicht von ihnen aus, sondern von kollektiven, außerhalb ihres Einflusses stehenden Kräften.

Wie die in der Novelle auftretenden Personen mit fortgetragen werden auf dem Schiff, dessen Steuerung und Zielsetzung sich ihrem Einfluss entzieht, so unterwirft die Novelle das Subjekt objektiven Begebenheiten, Ereignissen, die den Einzelnen bestimmen, die er aber selbst nicht zu bestimmen vermag. Die Freizügigkeit, mit der sich die Figuren auf dem Schachbrett bewegen, täuscht. In Wirklichkeit sind auch sie bestimmt von den Ideen und Strategien der Spieler, sowie das Geschichtssubjekt vom faschistischen Machtkalkül. In letzter Konsequenz droht dem Aufbegehrenden am Ende das Matt, die totale Einschränkung aller Bewegungsmöglichkeiten.

Zweigs Novelle ist auch und vor allem eine Auseinandersetzung mit menschlichen Handlungsoptionen, die aber unter den gegebenen Umständen schon keine freien Möglichkeiten mehr darstellen. Als Dr. B. zum ersten Mal in die Partie zwischen Czentovic und McConnor eingreift, folgt er keineswegs einer eigenen Idee, sondern muss auf die Ideen des Weltmeisters reagieren.

Das Schachspiel gehört zu den Geistesbeschäftigungen, die eine systematische Gegnerschaft aufbauen und den Gegner überwältigen wollen, indem sie ihn Zug um Zug in einen Sog von Abhängigkeiten hineinziehen, bis ihm jeder Spielraum verschlossen ist. Das königliche Spiel ist insofern eine Strategie des autoritären Geistes, das nur Niederlagen oder Siege zulässt. Die Spielhandlung ist bestimmt vom Kämpferischen.

Nicht von ungefähr findet Dr. B. das Schachbuch mit den Meisterpartien in der Tasche eines seiner Peiniger. Er selbst gerät über das Schachspiel in eine gefährliche persönliche Krise, vor allem als er das kämpferische Prinzip auf die eigene Person im Spiel gegen sich selbst zu übertragen beginnt und er an den Strategien des Kampfspiels beinahe zerbricht. Seine „Schachvergiftung" (85/86) ist Ausdruck eines Handlungsmusters jenseits aller Versöhnlichkeit und jeglichen Ausgleichs.

Ein Spiel, das die Menschen in Schwarz und Weiß einteilt, in Spieler und Gegenspieler, läuft humaner Konstruktivität zuwider. Noch einmal macht Dr. B. diese schmerzliche Erfahrung, um am Ende zu der endgültigen Entscheidung zu gelangen, nie mehr ein Schachbrett zu berühren.

Was sich symbolisch bezogen auf das Schachspiel am Ende abbildet, ist eine Absage an alle Handlungsweisen, die spielerischen wie die geschichtlichen, die den anderen Menschen in die Position des Gegners und Feindes zwingen. Die Einsicht aber, dass Literatur wie der Geist überhaupt keine Änderung zum Besseren herbeiführen kann, kommt einer Kapitulation des Menschen gleich, die Zweig schließlich in radikaler Weise im Freitod vollzogen hat.

LITERATUR

Zitierte Ausgabe:

Stefan Zweig: *Schachnovelle*. Frankfurt am Main: Fischer Taschenbuch Verlag, 62. Auflage 2010.

Primärliteratur:

Stefan Zweig: *Die Welt von Gestern. Erinnerungen eines Europäers.* Ungekürzte Sonderausgabe. Frankfurt am Main und Hamburg: Fischer Verlags- und Vertriebsgesellschaft, 1953. → Zitiert als ‚WVG'.

Stefan Zweig: *Tagebücher.* Hrsg. von Knut Beck. Frankfurt am Main: Fischer Verlag, 1984.

Stefan Zweig, Joseph Roth: *»Jede Freundschaft mit mir ist verderblich«. Briefwechsel 1927–1938.* Hrsg. von Madeleine Rietra und Rainer Siegel. Göttingen: Wallstein, 2011.

Stefan Zweig, Friderike Zweig: *Briefwechsel 1912–1942.* Bern: Scherz, 1951.

Stefan Zweig, Paul Zech: *Briefe 1910–1942.* Hrsg. von Donald G. Daviau. Frankfurt am Main: Fischer Taschenbuch Verlag, 1986.

Sekundärliteratur:

Arens, Hanns (Hg.): *Der große Europäer Stefan Zweig*. München: Kindler, 1956/Frankfurt am Main: Fischer, 1981.

Berlin, Jeffrey B.: *Stefan Zweig and his American Publisher*: Notes on an Unpublished Correspondance, with reference to *Schachnovelle* and *Welt von Gestern*. In: Deutsche Vierteljahrsschrift für Literaturwissenschaft und Geistesgeschichte (DVJS), 1982, 2, S. 259–276.

Birk, Matjaz und Thomas Eicher (Hrsg.): *Stefan Zweig und das Dämonische.* Würzburg: Königshausen & Neumann, 2008.

Daviau, Donald G. u. Harvey J. Dunkle: *Stefan Zweig's ‚Schachnovelle'*. In: Monatshefte, University of Wisconsin. 1973. S. 370–384.

Dines, Alberto: *Tod im Paradies. Die Tragödie des Stefan Zweig*. Aus d. Portugies. v. Marlen Eckl. Frankfurt am Main: Edition Büchergilde, 2006.

Frenzel, Herbert A. und Elisabeth: *Daten deutscher Dichtung*. Bd. 2. 31. Aufl. München: dtv, 1998. S. 620.

Freund, Winfried: *Deutsche Literatur. Schnellkurs*. Köln: Dumont, 2000. S. 173.

Freund, Winfried: Einleitung – *„... und ob es eine Tat war oder nur ein Ereignis ..."* Ein Versuch über die Novelle. In: Winfried Freund (Hg.): Deutsche Novellen. München: UTB W. Fink Uni Taschenbücher Nr. 1753, 1993. S. 7–13.

Freund, Winfried: *Novelle.* Reclam Literaturstudium. Stuttgart: Reclam, 1988.

Fuchs, Barbara: *Das Schachspiel im Spiegel der Literatur. Lewis Carrolls „Alice hinter den Spiegeln", Stefan Zweigs „Schachnovelle" und Ingeborg Bachmanns „Malina" im Kontext moderner Spieltheorie*. Saarbrücken: VDM Verlag Dr. Müller, 2009.

Gelber, Mark H. (Hg.): *New Yorker Studien zur neueren deutschen Literaturgeschichte*; Bd. 7. New York, Bern, Frankfurt am Main, Paris: Lang, 1987.

Himmel, Hellmuth: *Geschichte der deutschen Novelle*. Bern u. a.: Francke, 1963.

Klein, Johannes: *Zur ‚Schachnovelle'*. In: ders.: Geschichte der deutschen Novelle von Goethe bis zur Gegenwart. Wiesbaden: Steiner, 1954. S. 510–512.

Kluge, Manfred: *Stefan Zweig: ‚Schachnovelle'*. In: Walter Jens (Hg.): Kindlers Literatur Lexikon. München: dtv, 1974. S. 8477 f.

Kluxen, Kurt u. a.: *Zeiten und Menschen*. Ausgabe K Bd. 3. Politik, Gesellschaft, Wirtschaft. 1776–1918. Geschichte für Kollegstufe und Grundstudium. Paderborn: Schöningh/Schroedel, 1980.

Mann, Klaus: *Der Wendepunkt*. Ein Lebensbericht. Reinbek bei Hamburg: Rowohlt, 1993.

Matuschek, Oliver: *Stefan Zweig. Drei Leben. Eine Biographie*. Frankfurt am Main: Fischer Taschenbuch, 2008.

Meissenburg, Egbert: *Ein Buch! Ein Buch! Ein BUCH! Analysen zu Stefan Zweigs ‚Schachnovelle'*. Seevetal: Selbstverlag Meissenburg, 1997.

Müller, Hartmut: *Stefan Zweig mit Selbstzeugnissen und Bilddokumenten*. Rowohlts Monographien. Reinbek bei Hamburg: Rowohlt, 2000.

Pfoser, Alfred: *Zweig, Stefan*. In: Walther Killy (Hg.): Literaturlexikon. Bertelsmann Lexikon Verlag Bd. 12. München: Bertelsmann, 1992. S. 537.

Rötzer, Hans Gerd: *Geschichte der deutschen Literatur*. Bamberg: C. C. Buchners Verlag, 1992. S. 352–353.

Schmidjell, Christine: *Stefan Zweig*. In: Reclams Romanlexikon. Bd. 3. 20. Jahrhundert I. Stuttgart: Reclam, 1999.

Schunicht, Manfred: *Der „Falke" am „Wendepunkt"*. In: Germanisch-Romanische Monatsschrift. Neue Folge (N. F.) 10 (1960). S. 44–65.

Schwamborn, Ingrid: *Schachmatt im brasilianischen Paradies. Die Entstehungsgeschichte der ‚Schachnovelle'*. In: Germanisch-Romanische Monatsschrift (GRM). Neue Folge (N. F.) 34 (1984). S. 404–430.

Schwamborn, Ingrid (Hg.): *Die letzte Partie: Stefan Zweigs Leben und Werk in Brasilien (1932–1942)*. Bielefeld: Aisthesis, 1999.

Sørensen, Bengt Algot: *Stefan Zweig: ‚Schachnovelle'*. In: Interpretationen. Erzählungen des 20. Jahrhunderts. Band 1. Stuttgart: Reclam, 1996. S. 250–263.

Spalek, John M. u.a. (Hg.): *Deutschsprachige Exilliteratur seit 1933*. Berlin/New York: de Gruyter, 2010.

Strelka, Joseph: *Stefan Zweig. Freier Geist der Menschlichkeit.* Wien: Österreichischer Bundesverlag, 1981.

Taddey, Gerhard (Hg.): *Lexikon der deutschen Geschichte. Personen, Ereignisse, Institutionen*. Stuttgart: Alfred Kröner, 1983.

Turner, David: *Moral values and the human zoo: the Novellen of Stefan Zweig.* Hull: Hull Univ. Press, 1988.

Unseld, Siegfried: *Das Spiel vom Schach. Stefan Zweig: ‚Schachnovelle' 1941/42.* In: Deutsche Novellen. Hrsg. v. Winfried Freund. München: UTB Fink, 1993.

Zmegac, Viktor (Hg.): *Geschichte der deutschen Literatur vom 18. Jahrhundert bis zur Gegenwart* Bd. III. 1918–1980. Königstein/Ts.: Athenäum, 1984. S. 244.

Zweig, Friderike Maria: *Spiegelungen eines Lebens*. Frankfurt am Main: Fischer Taschenbuch Verlag, 1985.

Internet

http://www.ub.fu-berlin.de/service_neu/internetquellen/fachinformation/germanistik/autoren/autorz/szweig.html

→ Ausgezeichnete Linksammlung der Universitätsbibliothek der FU Berlin.

http://www.lasker-gesellschaft.de/schachnovelle/ausstellung.html

→ 65 Jahre *Schachnovelle*. Internetseite zur Ausstellung. Vielfältige Informationen.

Verfilmung

***Schachnovelle*.** BRD 1960.

Regie: Gerd Oswald. Drehbuch: Harold Medford, Gerd Oswald. In den Hauptrollen: Curd Jürgens, Mario Adorf und Claire Blum.

STICHWORTVERZEICHNIS